Advance Praise for
¿How Many Indians Can We Be?

Gabriella Gutiérrez y Muhs' candid prose and soulful translanguaging is a rare find. Este poemario es un caleidoscopio de paisajes, pensamientos, personas, personajes, costumbres, vestimentas, rituales, y voces que la poeta recoge a través de su viaje por India y por su memoria histórica como india, chicana, mestiza, atravesada. Gutiérrez y Muhs epitomiza el encuentro subalterno del que nos habla Spivak, ese translanguaging e intersección de códigos que alienan al sujeto occidental para darle lugar a la voz desde un espacio intersticial, desde las borderlands de Anzaldúa. This poetry collection is for lxs atravesadxs. It is una nueva palabra vieja, una voz que hace eco en las Antiguas, un huehuetlahtolli, un florecimiento de ritmos, in xochitl in cuicatl. Sweet, melodic, audacious, and irreverent, Gutiérrez y Muhs gifts us a decolonial perspective that exemplifies our Xicanx literary tradition. *How Many Indians Can We Be?* is an encuentro de almas, un apapacho, an embracement of the other that is us.

— **José Juan Gómez-Becerra**, Ph.D.,
Eastern Kentucky University (Aztlan)

These poems that chatter, connect, and copulate have been written with the precise hands of a poet who by her very nature multiplies and easily welcomes us in. I can't read the poem 'Foreign' without tears welling up for its truth-telling and in a way that's absolutely unique to this poet, and it's hardly the only poem in this collection that demonstrates Gutiérrez y Muhs is a curandera of poetry, a proprietor of myth. I'm startled to find in these poems so much that has been lost. On a quest for a currency of culture, she also gives readers a currency of love.

— **Patrice Vecchione**, author of *My Shouting, Shattered, Whispering Voice: A Guide to Writing Poetry & Speaking Your Truth* and co-editor of *Ink Knows No Borders: Poems of the Immigrant and Refugee Experience*

Only five years after publishing *The Runaway Poems*, Gabriella Gutiérrez y Muhs has completed an essential new collection, *¿How Many Indians Can We Be? (¿Cuántos indios podemos ser?)*, a multilingual feast of lyric and comic virtuosity that also explores in Gutiérrez y Muhs' words, 'indigeneity, colonization, social class, immigration.' The book falls in love with travel, new perspectives on poetry & identity, and cross-cultural challenges and awakenings, and thereby emerges as an end-of-pandemic dream book, continually crossing borders and falling back in love with the world again, including the world of martyrs and sorrows.

The journey begins with Gutiérrez y Muhs' first-ever trip to soul-sister India. Invited to a poetry conference, she imagines herself Columbus arriving in India after all, via Lufthansa, where Gutiérrez y Muhs will be sharing her poems, both colonizer and colonized, and also 'dress up/ in everyday saris/ my soul/ of huipiles/ for you, India.' Gutiérrez y Muhs emerges with a soaring tri-cultural voice and vision. In the spirit of Francisco X. Alarcón, there is multilingual weaving (including here French, Nahuatl, Hindi), but more than that, a magnificent mid-life heteroglossia, a human celebration.

If the Goddesses Xochiquetzal and Huehuecóyotl, and even Nezahualcóyotl, Tlatoani of Texcoco, had gotten together to improvise their own *Eat, Pray, Love*, while also drumming home 'the many paper cuts of colonization,' you'd have an idea of the unique effect of this book. Can the world please survive so that rhizomes like these poems might thrive branching across oceans and through skies?

'Colonization minimizes entire cultures, two of which are Mexican and Indian,' but Gutiérrez y Muhs has written a healing collection rooted far down in rich layers of otherness. Like Lucille Clifton, Gutiérrez y Muhs sings joy with precision; she is an ecstatic survivor. For every dehumanization, every loss, including being abandoned by a father, there is a song, a newly found solidarity, a connection to emergent global women's consciousness, and an intimate connection with her readers. Gutiérrez y Muhs will 'invent the melody of you the world can hear and be joyous.' Yes, she writes, we are 'tamed/ by the language we work in/ One billion Indians/ and fifty million Latinos/ with a dilemma.' But echoing Adrienne Rich, Gutiérrez y Muhs dives into the wreck, seeking power and freedom: 'an explorer/ and my instrument/ a book/ my tool a pen.'

¿How Many Indians Can We Be?
¿Cuántos indios podemos ser?

FLOWERSONG
PRESS

poems by

GABRIELLA GUTIÉRREZ Y MUHS

FlowerSong Press
Copyright © 2022 by Gabriella Gutiérrez y Muhs
ISBN: 978-1-953447-55-5
Library of Congress Control Number: 2022933476

Published by FlowerSong Press
in the United States of America.
www.flowersongpress.com

Graphic Art: "Rati Gives Xochiquetzal a Blessing" by Veronica Eldredge
Cover Design by Veronica Eldredge
Set in Avenir Next, Didot, and Aztec

NOTICE: SCHOOLS AND BUSINESSES
FlowerSong Press offers copies of this book at quantity discount with
bulk purchase for educational, business, or sales promotional use. For
information, please email the Publisher at info@flowersongpress.com.

¿how many indians can we be?

¿cuántos indios podemos ser?

poems

Gabriella Gutiérrez y Muhs

Foreword

In January of 2011, Dra. Gabriella Gutiérrez y Muhs was invited to represent the United States at the Kritya International Poetry Festival held in Nagpur, India, along with two other poets from the United States and many others hailing from nations the world over. The first time a Chicana was awarded such honor and distinction, this was the single event that set Dra. Gutiérrez y Muhs to embark on a journey that has led to the publication of the groundbreaking poetry collection you now hold in your hands: *¿How Many Indians Can We Be?*

As a wide-eyed undergraduate student at the time, I remember pointing out to Dra. Gutiérrez y Muhs the irony in the fact that her, a woman of Indigenous descent, had achieved what Columbus never could: complete a voyage around the world to reach la India. Not only that, but, upon her return, she had also managed to bring back a vast trove of poems which make up most of this collection.

This should not come as a surprise from a poetisa who, as a migrant child growing up between Northern México and the U.S. Southwest, admittedly wrote poems in the insole of her shoes, much to the dismay of her mother. Once, while catching a ride with Dra. Gutiérrez y Muhs, I witnessed her creativity suddenly strike: upon coming to a red traffic light, she stretched out her right arm all the way back into her purse to pull out a pen and a piece of mail she had just picked up from her mailbox; she then proceeded to furiously jot down several lines she had conjured up that morning threading together a new poem, all this in a matter of seconds, just before the traffic light turned green again.

While reading this poemario, I can almost imagine its author impetuously writing at all times and, indeed, at all costs, during her long stopover trip over the Atlantic and across three continents: onboard her flight across the U.S., on her connecting Lufthansa flight to Reykjavik, during rides to and from her hotel once in India, when having lunch in between readings at the poetry festival, while waiting near the gate for a delayed departure flight back to the U.S. These poems represent a carefully crafted travel log of her own, recording her vivencias, *lived experiences*, with a sense of awe and uncanny familiarity. Dra. Gutiérrez y Muhs does so anchoring her experience as a woman of Mexican descent, a Chicana, a colonial and imperial subject straddling between being a racialized ethnic minority in a white supremacist country and, at the same time, having the relative privileges afforded to her as a U.S. passport holder traveling to Southeast Asia.

With ingenious irreverence, the title of this collection turns the white colonizer gaze on its head by embracing the term Indian (in "No Longer Insults," the author reminds us that in Spanish, Indio/a often takes on a pejorative connotation synonymous with 'backwards' or 'uncivilized') and turning it from a catch-all term naming the Brown native masses so feared by the European colonizers of yesterday –not unlike the immigrants and refugees demonized by the West today– into a reclaimed misnomer binding us together, with all its possibilities and obvious limitations.

It is only apt that this multi-layered poetry collection is published ten years after Dra. Gutiérrez y Muhs' trip to India, at a time when the global movement to elevate Black lives led by Afro-descendant peoples and the ongoing struggle for autonomy of Indigenous peoples for the defense of their territories- survivors of enslavement and genocide across Turtle Island/Abya Yala– righteously continue to elevate their voices and topple the statues and monuments of the likes of Columbus and other colonial white supremacist invaders (never "conquistadores"), from North Carolina to Puerto Rico, from Venezuela to México.

In fact, one of the poems in this collection, "Totem" pays tribute to John T. Williams, an Indigenous wood carver from the Ditidaht First Nation violently murdered by Seattle police a decade ago, another statistic in the long list of native people killed at the hands of the police State or disappeared under its watch. Thus, this collection stands as a testament of solidarity across communities of color in the U.S. and across the Global South, connecting our peoples at the critical point in time of a deadly global pandemic that has taken the lives of over a million people in Latin America and over half a million in India alone.

A community healer, Dra. Gutiérrez y Muhs' poems stand as an intervention to understand our common humanity— far from making a liberal appeal to the universal, they remind us of the marks left by the legacy of European colonial expansion in the bodies, psyche and language practices of millions. Moreover, each poem draws on specificity and sensibility, allowing the reader to perceive a familiar cacophony of landscapes, sounds, textiles, flavors, and hairstyles from two distinct corners of the earth, presented to the reader on a carefully braided continuum tracing one Chicana woman's memories, through which *the other* often becomes a self-reflecting mirror.

As foretold in Nezahualcoyotl's flower song opening this collection, the accents, tone, cadence, colloquialisms, sighs and silences captured in these poems attest to the resistance of the many Indigenous languages inhabiting the Spanish spoken in México/the U.S. today and the English spoken in India by millions —reminding us that we hold the reins of the future of these colonial languages, which we have mastered/dominado and truly made our own.

Through this collection, Dra. Gutiérrez y Muhs extends an invitation to the reader to embark on a journey of thousands of miles and over five hundred years to correct a historical inaccuracy that continues to haunt our present. A journey which, ultimately, brings us closer to home, to the Indian that is us.

– Aldo U. Reséndiz
Unconceded Lenape Territory
February 6, 2022

Prólogo

En enero de 2011, la Dra. Gabriella Gutiérrez y Muhs fue invitada a representar a los Estados Unidos en el Festival Internacional de Poesía "Kritya" celebrado en Nagpur, India, junto con otros dos poetas de los Estados Unidos y muchos otros poetas procedentes de naciones de todo el mundo. Esta fue la primera vez que una chicana recibía tal honor y distinción, y fue el simple acontecimiento que hizo que la Dra. Gutiérrez y Muhs se embarcara en una travesía que ha conllevado a la publicación de la innovadora colección de poesía que ahora tienen en sus manos: *¿Cuántos indio/as podemos ser?*

En ese entonces yo era un estudiante de licenciatura impresionable y recuerdo que le comenté a la Dra. Gutiérrez y Muhs la ironía en el hecho de que ella, una mujer de ascendencia indígena, había logrado lo que Colón nunca pudo: completar un viaje alrededor del mundo hasta llegar a la India. No solo eso, sino que, a su regreso, también había conseguido traer un vasto tesoro de poemas que conforman la mayor parte de esta colección.

Esto no debería de sorprendernos de una poetisa que, cuando era una niña migrante criada entre el norte de México y el suroeste de Estados Unidos, confesó que escribía poemas en la plantilla de sus zapatos, para consternación de su madre. En una ocasión, mientras que la Dra. Gutiérrez y Muhs conducía, fui testigo de su creatividad: al llegar a un semáforo en rojo, estiró el brazo derecho hasta alcanzar su bolso y sacó un bolígrafo y una carta que acababa de recoger del correo; entonces, con furia, procedió a anotar varias líneas que había evocado esa mañana para hilar un nuevo poema, todo ello en cuestión de segundos, justo antes de que el semáforo volviera a ponerse en verde.

Al leer este poemario, casi puedo imaginar a su autora escribiendo impetuosamente en todo momento y, ciertamente, a toda costa, durante su largo viaje con escalas sobre el Atlántico y a través de tres continentes: a bordo de un vuelo para cruzar los EE.UU., en el vuelo de conexión con Lufthansa a Reykjavík, durante los trayectos de ida y vuelta al hotel una vez en la India, mientras almorzaba entre lecturas del festival de poesía, mientras esperaba cerca de la puerta de embarque por un vuelo retrasado de regreso a los Estados Unidos. En ello, la Dra. Gutiérrez y Muhs centra su experiencia como mujer de ascendencia mexicana, como chicana, sujeta al colonialismo e imperialismo y que a su vez navega el ser una minoría étnica racializada en un país supremacista blanco y contar con el privilegio relativo que se le concede como la titular de un pasaporte estadounidense en travesía al sudeste asiático.

Con una irreverencia ingeniosa, el título de esta colección pone de cabeza a la mirada colonizadora blanca al adoptar el término indio/a (en "Ya no hay insultos", la autora nos recuerda que en español indio/a a menudo adquiere una connotación peyorativa sinónima de "atrasado/a" o "incivilizado/a"), un término comodín que nombra a las masas de pueblos originarios tan temidas por los colonizadores europeos de ayer (similar a los inmigrantes y refugiados demonizados por Occidente hoy en día). Así, pasa de ser una designación errónea a un término reivindicado que nos une, con todas sus posibilidades y obvias limitaciones.

Resulta lógico que este poemario multifacético se publique diez años después del viaje de la Dra. Gutiérrez y Muhs a la India, en un momento en el que el movimiento global para enaltecer la vida de las personas negras, liderado por pueblos afrodescendientes, y la lucha por la autonomía de los pueblos indígenas para la defensa de sus territorios (sobrevivientes de la esclavización y el genocidio en la Isla de la Tortuga/Abya Yala) continúan alzando sus voces y derribando las estatuas y monumentos dedicados a Colón y a otros invasores coloniales y supremacistas blancos (mal llamados "conquistadores"), desde Carolina del Norte hasta Puerto Rico, desde Venezuela hasta México.

De hecho, uno de los poemas de esta colección, "Totem", rinde homenaje a John T. Williams, un tallador indígena de madera de la Primera Nación Ditidaht asesinado violentamente por la policía de Seattle hace una década, otra estadística en la larga lista de personas indígenas asesinadas a manos de las fuerzas policiacas del Estado o desaparecidas bajo su vigilancia. Por ende, esta colección es un testimonio de solidaridad entre las comunidades de color (racializadas) de Estados Unidos y de todo el Sur Global, que conecta a nuestros pueblos en el momento crítico de una mortífera pandemia mundial que ha cobrado la vida de más de un millón de personas en América Latina y de más de medio millón tan solo en la India.

Como curandera de su comunidad, los poemas de la Dra. Gutiérrez y Muhs representan una intervención para comprender nuestra humanidad en común, lejos de apelar liberalmente a lo universal, nos recuerda las marcas que ha dejado el legado de la expansión colonial europea en los cuerpos, la psiquis y las prácticas lingüísticas de millones de personas. Además, cada poema recurre a la especificidad y la sensibilidad, permitiéndole al lector percibir una cacofonía que nos resulta conocida, tanto de paisajes, sonidos y tejidos como de sabores y peinados provenientes de dos rincones distintos de la tierra, presentados al lector en un continuo cuidadosamente trenzado que traza los recuerdos de una mujer chicana a través de los cuales *el otro* con frecuencia se convierte en un espejo en el que se refleja a sí misma.

Tal como lo augura el flor y canto de Nezahualcóyotl al principio de esta colección, los acentos, el tono, la cadencia, los coloquialismos, los suspiros y los silencios que se recogen en estos poemas dan fe de la resistencia de las muchas lenguas indígenas que habitan el español que se habla hoy en día en México/Estados Unidos y el inglés que millones de personas hablan en la India, recordándonos que llevamos las riendas del futuro de estas lenguas coloniales, dominadas y hechas verdaderamente nuestras.

A través de esta colección, la Dra. Gutiérrez y Muhs invita al lector a embarcarse en un viaje de miles de kilómetros y más de quinientos años para corregir una inexactitud histórica que nos persigue hasta nuestro presente. Un viaje que, en definitiva, nos acerca a nuestro hogar, al indio/a que somos.

– Aldo U. Reséndiz
Territorio Lenape no dominado
6 de febrero de 2022

Crearé una pieza de arte.
Soy poeta, y mi canto
perdurará en la tierra.
¡Me recordarán por mis cantos!

~

I will create a work of art.
I am a poet, and my song
will endure on earth.
I will be remembered for my songs!

Nezahualcóyotl
Tlatoani of Texcoco
April 28, 1402- June 4, 1472

About This Collection

I began writing the poems included in this collection, *¿How Many Indians Can We Be? / ¿Cuántos indios podemos ser?*, on the plane to India, as I represented the United States, along with two other American poets, for the Kritya International Poetry Festival held in Nagpur, Maharashtra, India in 2011. But they are certainly not simply about India, but instead about indigeneity, colonization, social class, immigration, commonalities between cultures, and more... I am very grateful to FlowerSong Press for allowing me to present my work in both English and Spanish, since this permits me to express myself multidimensionally.

This collection is about togetherness; "Sari or Rebozo" exemplifies, aesthetically and semantically, the communion of two opposite cultures through a traditional feminine garment. The other poems attempt to dispel stereotypes, unmask intra-cultural tensions- with contradictory humor- and confront the many paper cuts of colonization found within the pages of both Mexican, Indian and U.S. history.

It is only in the territory of irony that we could understand that "Latinx/ Chicanx" and "Indian" could signify so many cultures, identities and subjectivities, as well as different races, packed in a linguistic burrito- or should we say a naan or curry? Colonization minimizes entire cultures, two of which are Mexican and Indian. We can see some of the results of these colonizations in this collection.

As silly as the term Latinx is, in conflating the peoples, in plural, of more than twenty countries into one (for the purpose of cataloguing Latinos geographically for U.S. government agencies in the early seventies), it is problematic. It confuses many Americans, who might include the European notion of "Latin," as in southern Europe. In a parallel paradigm, the term "Indian" is also problematized by an entire nation of more than a billion.

It is a given that under different circumstances, and for varied reasons, people did not name themselves, but were named "Indian," in the past (except for Native Americans recently naming themselves "Indian" in the interest of not being appropriated by North America).

I realized the contradiction of this semantic atrocity years ago, while listening to my sons claim to their East Indian friend, as we passed by a Totem Pole, that they were Indians. Their friend, an upper-class Brahmin child, dismissed their seven-year-old affirmation by stating that he was "more" Indian than them. Truly, both of their responses were results both of an earlier colonization and an internal colonization, which Chicanx scholars have written about for at least the last sixty years (including the world-famous *Occupied America* by Rudy Acuña). But, I also think it important to look at my poetry collection intersectionally, for I also address social class, experience, healing, the environment, privilege and gender as issues that diversify my poetic voice.

We are still not post-colonial, as we would like to believe. I hope these poems, inspired by a first look at India in the early twenty-first century, developed over the last ten years, as well as my entire experience of traveling back and forth as migrant and immigrant, scholar, student and researcher to Mexico, will bring pleasure, laughter, tears and joy, as well as a few affirmations to each reader. The eye that gazes into many doors, resurrects expectations.

– Gabriella Gutiérrez y Muhs
Seattle, January 2022
Unceded land of the Duwamish Tribe, *Dxʷdəwʔabš*

Part of this piece appeared in Label Me Latina/o Special Issue 2015 Volume 1 *as an Artist's Statement where three of the poems in this collection were published.*

Sobre esta colección

Empecé a escribir los poemas incluidos en esta colección ¿Cuántos indios podemos ser? / ¿How Many Indians Can We Be? en el avión rumbo a la India, a donde fui en representación de los poetas estadounidenses, al igual que otros dos poetas norteamericanos, en 2011. Participamos en el Festival Internacional de poesía en Nagpur, India. Pero, estos poemas no son simplemente sobre la India, sino sobre el indigenismo, la colonización interna y externa, la clase social, la inmigración, temas en común entre las culturas y más...Estoy muy agradecida con la editorial Flowersong por permitirme presentar mi trabajo tanto en español como en inglés, ya que esto me permite expresarme multidimensionalmente.

Esta colección es sobre la solidaridad entre los pueblos colonizados. El poema "Sari o rebozo" ejemplifica estética y semánticamente, la communión de dos culturas opuestas (que son la sombrilla que abarca muchas otras culturas) por medio de una pieza cultural, tradicional. Los otros poemas tratan de discipar estereotipos, desenmascarar tensiones intraculturales, con humor contradictorio- y confrontar las muchas "heridas de papel" de la colonización que se encuentran entre las paginas de ambas culturas e historias: la mexicana y la de la India, culturas madre para muchas otras.

Es únicamente en el territorio de la ironía que pudiéramos entender que "Latinx/Chicanx" e "Indio" pudieran significar tantas culturas, identidades y subjetividades, al igual que diferentes razas, empacadas en un burrito lingüistico o quizá deba decir naan o curry, las dos, variaciones británicas, tal como existen hoy en Inglaterra, aún? Así de absurdo como es el término "Latinx" al fusionar a los pueblos (en plural) de más de veinte paises en uno (con el propósito de catalogarnos geográficamente para el gobierno de los Estados Unidos en los años setenta). Esto confunde a los norteamericanos, quienes a lo mejor incluyen la noción estadounidense de "Latin" refiriéndose a los pueblos del sur de Europa como Francia, Italia, España, Portugal y

Rumanía. Así de ridículo es el término "Indio," ahora utilizado por una nación entera de mas de mil millones de Indios.

Es dado por hecho que, bajo diferentes circunstancias, y por razones variadas, los pueblos no se nombraron a sí mismos, sino que fueron nombrados "indios" en el pasado (con la excepción de los nativos norteamericanos que recientemente se nombraron "Indian" al tratar de no ser apropiados por norteamerica).

Me di cuenta de esta contradicción y atrocidad semántica al escuchar a mis hijos aclararle al niño de la India, años atrás, al pasar por un palo tótem que ellos eran indios, mientras que él, un niño de la clase alta de los Brahmin, les desmintió a sus siete años su afirmación al decirles que él era "más" indio que ellos. En realidad sus dos respuestas eran el resultado tanto de una colonización anterior y una colonización interna sobre la cual los estudiosos Chicanx han escrito por al menos sesenta años, incluyendo el famoso libro de Rudy Acuña, *Occupied America*. Pero, también pienso que es importante ver mi colección de poesía interseccionalmente ya que también trata de la clase social, la experiencia, la sanación, el ambiente, el privilegio y el género como temas que diversifican mi voz poéica.

Aún no estamos en la época post-colonial, como nos gustaría creer. Espero que estos poemas de un primer vistazo a la India en el siglo veintiuno, y especialmente los últimos años, (al igual que mi experiencia total de viajar de un lado a otro como migrante e inmigrante, intellectual, estudiante e investigadora a México y latinoamerica) traigan placer, risas, lágrimas y alegría, al igual que algunas nuevas afirmaciones a cada lector(a/x). El ojo que mira en muchas puertas, resucita las expectativas.

– Gabriella Gutiérrez y Muhs
Seattle, enero 2022
Tierra del pueblo originario Duwamish, *Dxʷdəwʔabš*

Indios se utiliza para distinguir a los nativos de la India, y algunas veces cuando me refiero a los indígenas chicanos/mexicanos es con minúscula.

Most grateful. Muy agradecida.

I especially wish to thank the following people who have been in my life for many years:

Blanca Garza, a teacher for many years, who took care of my sister and I while my parents worked in the fields and the cannery when I was a baby. I am so happy to still be in touch with her and her niece, my childhood friend Anabelle.

I have known the following Chicanx scholars for more than half of my life. Although I do not see them often, I consider myself grateful to have had such role models. Aside from César Chávez and the people in my family and community, I knew no researchers, writers or intellectuals before the age of 15. The first names in my list I met when I was a CONACYT scholar with them in Mexico City: Angela Valenzuela, Emilio Zamora, Luz Elena Herrera, Teresa Carrillo, Luis Valdez, Rosa Escalante. Bella Abzug gave me my first college scholarship and marked me forever. Cecilia Preciado Burciaga, whose teachings imbue my perspective.

My teachers, professors, mentors: Roberta Armenta, John Laue, Sheilah Serfaty-Wilson, Yvonne Yarbro-Bejarano and Mary L. Pratt, Isiaah Crawford, Adriana Berchenko, Annabelle Rea, Lauro Flores, Víctor Fuentes, Don Luis Leal and Shirley Flores Muñoz.

My collaborators: Aldo Reséndiz, Norma Elia Cantú, Cristina Herrera, Helena María Viramontes, Demetria Martínez, Armando G. Miguélez, Cynthia Moe-Lobeda, Yolanda Flores Niemann, Carmen González, Graciela Vega, Verónica Eldredge, Frank and Annette Eldredge, Marianne Mork, Fr. Pierre Louá, Victoria Kill, Juan Velasco, Bill Buckley, John Fraire, Pía Barros, Olga Díaz, Rachel Mayo, Menah Pratt-Clarke, Melanie Pérez-Ortíz, Melissa Jo Kelly, Martina Iñiguez, María de Lourdes Victoria, and many others.

My dear life long friends: Lucía Ochoa, Martha Hernández, Susan

Higgins, Eleanor Kuser, Ramón Silva, Noé González, Guadalupe Vega and Shane McKeithen, Martha Vega, Annabelle Bañuelos, Aladrianne Slade, María Vargas, Victoria Lugo, and always Isabelle Gentili Liberto, Imme Bergmeier and la familia Sosa Delgado in Durango, México, especialmente Rosy. Siempre con mucho cariño para Pedro y Mercedes Martín. I am always in close contact with my cousin Ofelia Fabela, who nourishes my life, as well as her sisters Mellos, Adela, y Romana. María Elena Reséndiz, tía Rosario's daughter, who helped my mother spiritually in the last twenty years of her life, deserves gratitude. Ruth, Carlitos, Eric Gutiérrez and their families are always with me.

Poet friends who have enlarged, mentored and elevated my life: Patrice Vecchione, Demetria Martínez, Adrienne Rich, Ken Weisner, Rati Saxena, Alicia Partnoy, Raúl Sánchez, Peggy Morrison, Claudia Castro Luna, John Martínez, Tomás-Néstor Martínez-Álvarez, Lorna Dee Cervantes, Margarita Cota Cárdenas, Cherríe Moraga, Catalina and Jim Cantú, Ramón Ledesma, Ben Olguín and Jennifer Lewis Lagier. Francisco X. Alarcón and Eduardo Galeano, already in another plane, and all my other protectors who are no longer here: Don Luis Leal, Guadalupe, Delfina, y Gelacio Favela. I thank all the poet friends of *In xóchitl, in cuícatl,* I so treasure you.

I thank those colleagues who have been there for the full ride: Connie Anthony, Nalini Iyer, Jeanette Rodríguez, Mary-Antoinette Smith, Kathy Cook, Jodi O'Brien, and especially Kari Lerum and Shari Dworkin, who bring life-making joy to the party wherever they are present. You are blessings in my life.

Teresa Jones, Barbara Rodríguez, Soitza Gabby Del Real, Gabriela Boyle, Mónica Reyes, Noemi Natividad, Vanessa Castañeda, Falen Wilkes, Oneyda Curry, Balbino Ferrero and my dear friends Nancy, James, Emilio Vive and Michael and Mona Jones. I thank all the people who work at The Mexican Heritage Plaza, especially Vanessa Palafox, Vanessa González, Carolina Estrella, Jonathan Borca, Edgar Ochoa, and Carolina Estrella, and the food co-ops of marvelous women who cooked great meals for our launch of our previous anthology *In xóchitl, in cuícatl.* You have truly enriched my life in the last many years of knowing you!

The last ones should always come first. I cannot write poetry without these men who fill my daily life with a variety of emotions, and are the true trunk of this tree: Eric, Eleuterio and Enrico F. Muhs. My academic and community brothers, thanks for always being there for me: Steven Bender, Alex Flores, Dan Goldberg, The Nahila Hilas, Dan Pickard, Jesús Rosales.

Because of my mother María del Socorro Favela, whose teachings are with me. I also wish to thank my other mothers: Coco Pellerino, Serapia Vega, Seetha Naranayan, who took care of me in India, and especially Debbie (Muhs) Radbill, who makes sure there is always chocolate and light in our lives.

I thank Edward Vidaurre and FlowerSong Press for all their work on behalf of Chicanx/Latinx and Other poets. I thank Veronica Eldredge profoundly for all her help entering and editing, her magnificent cover art and her wonderful work organizing readings with me, across the years.

Thanks to my administrators: Dean David Powers, Jodi O'Brien, Ph,D., Special Assistant to the Provost for Faculty Development, Professor of Sociology, and Provost Shane Martin.

Table of Contents • Índice

¿How Many Indians Can We Be?
¿Cuántos indios podemos ser?

Fishing

Cast your nets wide
in your new paradigm,
may it not be fish you catch

Pescando

Lanza tu red de par en par
en tu nuevo paradigma,
que no sea pescado lo que pescas

Apiary of the Unconscious

We go back like bees
to the same incontinent, prefixed thoughts

We dispossess the passion of our skin
by slipping it under the mattress,
like a fitted sheet, a stapled mercado plastic frame

We spill at the possibility of light
when to give light, is also to birth

We chatter at the senses
multiplying by zeros

be it sight, of painting a desire
be it smell, of inscripted horizons
be it taste, on the fruit of words
be it touch, of cyber continents
be it the music of dissonance

We subconsciously await the hexagonal
wall of forgetfulness

With precise hands, copulate at the
physical possibility of remembrance,

like bees we trust the cleanliness, exactness of pattern into being

connect the dots upon becoming what we already are
"Work," at the drop of a sombrero, "breathe" at the drop of a hat.

Colmenar de la inconciencia

Regresamos como abejas
a los mismos preestablecidos pensamientos incontinentes

Desposeemos la pasión de nuestra piel
colocándola debajo del colchón,
como una sábana de elástico ajustable, un marco engrapado, plástico,
de mercado

Nos desparramamos con la posibilidad de la luz
Cuando dar a luz, es también parir

Chacharacheamos con nuestros sentidos
multiplicando por ceros

ya sea la visión, de pintar un deseo
ya sea el olor, de horizontes inscritos
ya sea el sabor, en la fruta de las palabras
ya sea el tacto de continentes cibernéticos

Subconcientemente esperamos
la pared hexagonal del olvido
Con manos precisas, copulamos por la
posibilidad física del recuerdo,
Como abejas confiamos en la limpieza, exactitud de los patrones
hacia su existencia,
Conectamos los puntos logrando llegar a ser, lo que ya somos
"Trabajamos" a la primera de cambio, "respiramos" en un dos por tres.

Indians

To be an Indian
with India in your heart:
You must mow the lawn of your new country
masterly, as if you were going to cook the grass
for your love,
await for the rain to speak,
make conversation with the drops of blood that fall
from your immigrant subconscious, and turn them to honey.

Indian immigrants tread slowly,
reminding you they're one of 5% out of 100 who made the cut
of professional Indians who arrived in the New World,
where the First Nation Indians were not treated so well

You must be a different type of Indian,
even if rebellious
intellectually engaging and brilliant.
Even if you have to eat meat,
you won't fall on the empty violence of
strangers,
jerky eaters, churki for Chilean immigrants,
carnitas for all the meat-eating Mexicans

Rightfully treasuring from afar,
you will honor the vegetarian ways of your embracing memories
the changing embraces of your Carnatic chants.
You must always look at the road, ahead of the road
strategizing love,
sheltering your hands in pockets of electronic proportions
whisper sweet nothings into the

Superhuman child you are supposed to be,
create, produce, iterate future impossibilities,
heal yourself from distance,
and all the wounds of others
of the color of your experienced body.

Indios

Para ser Indio
con India en el corazón:
Debes cortar el zacate de tu nuevo país
magistralmente, como si fueras a hacer un té de yerbitas
para tu amor.
Esperar a que la lluvia hable,
hacer conversación con las gotas de sangre que caen
de tu subconciencia inmigrante, y volverlas miel.

Los inmigrantes de la India pisan despacio,
recordándote que son un 5% de ciento los que pasaron la prueba
de profesionales de la India que llegaron al Nuevo Mundo,
donde a los indios originarios no se les ha tratado tan bien.

Debes ser una clase diferente de indio,
aunque rebelde
intelectualmente cautivador y brillante.
Aunque tengas que comer carne,
no vas a caer en la violencia vacía de
 los forasteros,
comedores de carne seca, "churki" para los inmigrantes chilenos,
"carnitas" para todos los come carne mexicanos.

Acertadamente, atesorarás desde lejos,
honrrarás las formas vegetarianas de tus recuerdos acogedores
los abrazos cambiantes de sus canticos carnáticos.
Siempre debes ver el camino desde lejos, adelantándote,
elaborando estrategias amorosas,
albergando tus manos en bolsillos de proporciones electrónicas
Susurrar melosidades en el oído

de la persona sobrehumana que debes ser,
crear, producir, iterar imposibilidades para el futuro,
sanarte de la distancia,
y sanar todas las heridas de las demás personas de color
en tu cuerpo sufrido.

Foreign

We were not made
to be foreign,
you say
with your eyes,
to all the homeless knights, and wondering butterflies
¿Will a pint of blood make you Mexican?

We were not made to have
our bodies
tabulated by numbers in a hitlarian manner
questioned by designated orders,
prejudged in a state with arms that distrust
measured by liminal hearts

We were not made to hate or be hated
while lines are drawn on mental maps
in our Aztlán-
the only territory we know
as our own land- the mythic map
we were joyfully inscribed into
as spirits of the past,
a recent history was given to us
a Movimiento
of civil rights
our Chican@homeland
from where we cannot
be evicted-
we so happen to be the proprietors of the myth.

Extranjerx

No nos hicieron para ser forasteros,
dices
con los ojos,
a todxs les caballerxs indigentes, y mariposas volantes
¿Te haría mexicano una pinta de sangre?

No nos hicieron para que
nuestros cuerpos
fueran tabulados por números de forma hitleriana
hemos sido cuestionados por ordenes designadas,
prejuzgados en un estado de armas en el que desconfían,
medidos por corazones liminales.

No nos hicieron para odiar o ser odiados,
mientras las líneas se dibujan en mapas mentales
En nuestro Aztlán–
el único territorio que conocemos
como nuestra tierra– el mapa mítico
al que alegremente nos inscribimos
como espíritus del pasado.
Se nos ha otorgado esta reciente historia:
un Movimiento
de derechos civiles,
nuestro hogar Chicanx
de donde no podemos
ser expulsados–
resulta que somos los propietarios del mito.

Treasures

They were born to be treasures
raised to shine— Ponce de León's gold
indigenous, mestizos

Their mothers built tesoros
to give of themselves
wherever they went
"to be useful"
was their first prayer

They traversed the interstices of the mind
leaving their loved ones with stored hugs and kisses forever,
knowing the power of beauty is less than the power of love

They left to come sell themselves for $50 a day

¿What does it mean to be a stranger when you were raised to be a
treasure?
To sing when you work,
to cry for friends when you leave
and to allow others to cry for you,
to feel that you are a treasure of life— anywhere you go

¿What does it mean to turn from being a guest and become a
ghost?

an alien by well-meaning mission volunteers
who feed you

when you were born to plant your feet
on the ground of all those who meet you —

you were sentenced by your culture
to package hospitality in your arms and teeth.
Instead you have gone from guest to ghost,
from tesoro to velorio.

Tesoros

Nacieron para ser tesoros
criados para brillar—El oro de Ponce de León-
indígenas, mestizos

Sus madres construyeron tesoros
para dar de sí mismos
a donde fueran,
"ser útiles,"
su primera oración

Atravesaron los intersticios de la mente,
dejando a sus seres amados con abrazos guardados y besos por siempre,
sabiendo que el poder de la belleza es menor al poder del amor

Se fueron para venir a venderse por $50 dólares al día.

¿Qué quiere decir ser un forastero cuando te criaron para ser un tesoro?
A cantar cuando trabajas,
a llorar por tus amigos cuando te despides
a permitir que otros lloren por ti,
a sentir que eres un Tesoro de la vida- dondequiera que estés

¿Qué quiere decir volverse fantasma siendo invitado?

Declarado "ilegal" por los bien intencionados trabajadores
voluntaries de la misión, que te alimentan

cuando naciste para plantar los pies en el suelo
de todos quienes te conocen-
fuiste sentenciado por tu cultura

a empacar la hospitalidad en tus brazos y dientes.
En vez de eso pasaste de invitado a invisible,
de tesoro a velorio.

Lufthansa flight 756

I am an explorer
and my instrument
a book,
my tool a pen

I will unfortunately not know
how many pirates
were on board with me on Lufthansa flight 756,
but I am a pirate
going to steal
knowledge
from other Indians

I am on a quest
for observations that are
distant from my own
for ways of not owning
pain so close
for challenges to the elusive
recreation of shopping
a quest

across the almost all
ocean map
the dot on the screen
travels to find
where the name India
so-spelled across
geography
comes from

In front of me
the grimy orange sweater
hangs over my screen
on a Lufthansa flight,
she hopes the
yellow pillow case
will not touch
her sacred head

Vuelo 756 de Lufthansa

Soy una exploradora
y mi instrumento~un libro
mi herramienta~
una pluma

Desafortunadamente no sabré
cuántos piratas
estaban a bordo, conmigo,
en el vuelo 756 de Lufthansa

Pero soy una pirata
yendo a robar
conocimientos
de otros Indios

Estoy en una búsqueda
de observaciones
que estén
distantes de las mías
formas de no adueñarse
del dolor, desde tan cerca
retos a la esquiva recreación
de ir de compras
por una búsqueda
cruzando el casi todo océano del mapa

El punto en la pantalla
viaja para enterarse
de dónde el nombre "India"
deletreado por toda

la geografía,
viene

Frente a mí,
la manga mugrienta del suetercito anaranjado
cuelga
sobre mi pantalla
en un vuelo Lufthansa,
ella espera que la funda amarilla
no toque
su cabeza sagrada.

Columbus Dear
inspired by Aldo's question

Columbus Dear,
I could understand
why your confusion
reached enormous density
upon arriving in the West Indies
why you envisioned your grandeur
of generous proportions
adored
in front of such aquiline-nosed Indians
of a different race

or not

Perhaps the eyes of the future
would have told you
that your violence
propelled us to kill cows and fry them
and that in India, the cows walk
around blessed.
Tell those cows
who lived
a short life
you didn't mean to colonize us

¿Should we have been first
to receive a more gentle colonization?
by brighter, less experienced colonizers
but we were
last

in a world of expert colonizers:
expert illiterates,
expert appropriators
expert lovers of indigenous womens

Querido Colón
inspirado por la pregunta de Aldo

Querido Colón,
Puedo entender
por qué de la confusión
que logró tremenda densidad
al llegar a las Indias
por qué imaginaste tu grandeza
de proporciones generosas
adorado
frente a tales indios de nariz aguileña
de una raza diferente

o no

Quizá los ojos del futuro
te hubieran dicho
que tu violencia
nos impulsó a matar y freír vacas
y que, en la India, las vacas ruminan
por ahí bendecidas.
Dile a esas vacas
que vivieron
vidas cortas
que no tuviste la intención de colonizarnos

¿Debimos ser los primeros
en recibir una colonización más suave?
por brillantes colonizadores con menos experiencia?
Pero fuimos
los últimos,

en un mundo de expertos:
analfabetos expertos,
apropiadores expertos,
expertos amantes de mujeres indígenas

Yucatán or I don't understand you

I am on a quest
for a currency of culture
I have never spent.
Like Columbus I have not yet gotten there
and like him I will not give up the quest
I will also never find las Indias

I will yet again name places and people incorrectly
hopefully, knowing there is yet another name
I do not know

It is a moment of truth; I am suspended on this plane
in the condition of colonized and not yet colonizer
of another culture

I'm on the road of the poem I lost on board
the Niña, the Pinta, the Santa María ~
the ships
have a place on my left-ear drum—they play
the same historical note of erroneous thoughts,
melodies invented by the culturally deaf of long ago

¿Might the drumming stop—the historical footnotes?
the palpitating commotion of excitement
over the Atlantic Ocean~
¿Have we reached Reykjavík yet?
¿Did I purchase the part of me that is here
that is yours
that still is?

Yucatán o no te entiendo

Estoy en búsqueda
de una divisa cultural
que nunca he gastado.
Como Colón no he llegado aún
y como él no me daré por vencida,
y tampoco encontraré las Indias

Aún otra vez nombraré lugares y personas incorrectamente
esperanzadamente, sabiendo que hay otro nombre aun
que todavía no sé

Es el momento de la verdad; estoy suspendida en este plano
en condición de colonizada y no todavía colonizadora
de otra cultura

Estoy en el sendero del poema que perdí a bordo de
La Niña, La Pinta, La Santa María ~
Los barcos
tienen un lugar and mi oido izquierdo—tocan
la misma nota histórica de pensamientos erróneos,
Melodías inventadas por los sordos culturales de tiempo atrás,

¿Parará el tamborileo? —las notas históricas a pie de página?
La conmoción palpitante sobre el Atlántico~
¿No hemos llegado aun a Reykjavík?
¿He pagado por la parte de mí que está aquí,
que es suya
que aún es?

Tamed Tongues

What we share in common
amongst the seas of languages
that detonate difficulty
on the plain/plane, culturally
is that we are mestizos

We are all tamed
by the language we work in

One billion Indians
and fifty million Latinos
with a dilemma
of what step to take first
in saying, "Mmmm _____"

I've come to learn the English
of evolved colonization
the effects of "I don't want to pressurize you, ma'am"
much little
Ma'am, ma'am, ma'am, ma'am, ma'am, ma'am
the word is a cut on the flesh of language
the background noise of adversity
the buzzing of the precedented bees

The tracks of colonization
have reached
domains
unexpected.

Lenguas Domadas

Lo que compartimos en común
dentro de los mares de las lenguas
que detonan dificultad
en el plano/aeroplano, culturalmente
es que somos mestizos

Todos estamos siendo domados
por el lenguaje en el que nos emplean

Mil millones de Indios
y cincuenta millones de latinos
con un dilema
de cual paso tomar primero
para rellenar el hueco que nos consume, "Emmmm _____"

He venido a aprender el inglés
de la colonización avanzada
los efectos de "I don't want to preassurize you, ma'am"
ni mucho menos
Ma'am, ma'am, ma'am, ma'am, ma'am, ma'am
la palabra está tallada en la carne del lenguaje
el ruido de trasfondo de la adversidad
el zumbido de las abejas antecedentes

Las huellas de la colonización
han alcanzado
dimensiones
inesperadas

Language cannot say

(a different version of this poem appears in
In Xóchitl, In Cuícatl, 100 years of Chicanx/Latinx poetry, 1920-2020)

I could not say
that every language possesses a desire
in Albanian you do not deserve
you cannot deserve what the language cannot say
in English there is no word
for wearing something for the first time,
or a link that connects you to someone who has your same name,
namesake does not hug,
whereas in Spanish that person is your spiritual brother, a tocay@.
Whistling, is not acceptable in English
but it is a long-awaited bird song in Spanish.
In French there are so many possibilities
for worth—vaut
Je voudrais écrire ce qui
resterait dans une
bibliothèque
pour les aveugles
de l'âme.
But we know not languages, until we sleep in India, we have been
sense- limited
until our souls become polyglots,
like birds.

El lenguaje no puede decir

(una version diferente de este poema aparece en
In Xóchitl, In Cuícatl, Cien años de poesía Chicanx/Latinx, 1920-2020)

El lenguaje no puede hablar,
no puede decir
que cada lengua posea el deseo.

En albanés no "se merece."
No puedes merecer lo que el lenguaje no puede decir.
En inglés, no hay una palabra
para llevar algo puesto por primera vez,
o un enlace que te conecte con alguien que tiene tu nombre,
"namesake" no concuerda, no abraza,
mientras que en español esa persona es tu hermano espiritual, un(a) tocay@.

Silvar en inglés no es aceptable
y es un esperado cántico de pájaro en español.

En francés hay tantas posibilidades
para "valía"–vaut
Je voudrais écrire ce qui
resterait dans une
bibliothéque
pour les aveugles
de l'âme.

Pero no conocemos las lenguas, hasta que dormimos en la India,
limitados de sentidos estamos
hasta que nuestras almas se vuelven políglotas,
como los pájaros.

Tecolotl (Owl, lechuza, búho, tecolote)

¿What poem will I write that flies?
¿Cuántas palabras carga un cargador antes de caerse?
¿Un avión antes de estrellarse, en el alma de un país con lengua,
pero sin lenguas?

¿Por qué los tecolotes hablan más por la noche?
Cuando sólo las almas de la tristeza cavilan,
¿Can the talons of a bird hold onto the wires of identity?

¿Are owls really the lycanthropic essence of people?
¿Do they have different names because of their size like in Hindi?
¿Do they hold up the soul of the world in their nocturnal lives?

*This poem was written originally as it appears.

Tecolote

¿Qué poema escribiré que vuele?
¿How many words does a carrier carry before colapsing?
¿Cuántas palabras carga un cargador antes de caerse?
¿A plane before crashing, on the soul of a tongue, without tongues?
¿Un avión antes de estrellarse, en el alma de un país con lengua,
pero sin lenguas?

¿Why do owls speak more at night?
When only the souls of sadness muse.
¿Pueden las garras de un pájaro agarrarse de los alhambres de la
identidad?

¿Son de verdad los buhos la escencia licantrópica de la gente?
¿Tienen apodos diferentes por su tamaño como en el idioma hindi?
¿Sostienen el alma del mundo en sus vidas nocturnas?

Bernardo: Buscando Agujas en el Pajar (Looking for needles in the hay stack)

> "… I had been writing with the syntax of my father's Spanish without being aware of it. It was there. It was underneath my English, it's probably what makes my English unique. There's an animism that's probably underneath the Spanish that comes from pre-conquest languages…But I think that all of those culturas, even though the languages may have disappeared…are still there in our way of being and our way of speaking."
>
> **– Sandra Cisneros**, Literary Hub, 2020

His languages have disparate ages: la lengua de sus padres, his parents
older yet palpitating with surprise
the other younger, embracing him with cordial welcomes
surreptitiously dipping his culture in a box of popcorn,
pop pop pop
he is throwing out a spat to catch a mackerel
an inexistent but important word from his childhood
to collect the word that connects him
with the other hims
like a surgeon reconstructing
the language of a living will, tattooed onto a woman's heart,
deleting memories of how he thought a word felt,
agonizing at the verge of speech,
repeating mistakes to know he exists in an unrecorded CD
"Muezar" for "gozar," another language
until he finds the errorless error
and bereaves the word, the feeling in the word gone,
existing only in his own personal Spanish
in his own feelings of language
in his own boomerang language
in his own circular spiraling universe

which he carries like a parasol: a luxury within a necessity
gone on his altar for Día de los muertos
raises the new word in a cradle of thoughts,
babys it by overuse
snaps it into his shape

Bernardo: Buscando agujas en el pajar

"...Había estado escribiendo con la sintaxis del español de mi padre sin estar conciente al respecto. Ahí estaba, debajo de mi inglés, es lo que hace mi inglés único. Hay un animismo que está probablemente debajo de mi español que sale de los lenguajes de antes de la conquista... Pero pienso que todas esas culturas, aunque las lenguas hayan desaparecido...de todas formas están en nuestra forma de ser y nuestra forma de hablar."
— **Sandra Cisneros**, Literary Hub, 2020

Sus lenguas tienen edades disparejas: la lengua de sus padres, vieja y
palpitando con sorpresas,
la otra joven, abrazándolo con bienvenidas cordiales,
subrepticiamente sumergiendo su cultura en una caja de palomitas,
Pop, pop, pop
Está metiendo la aguja para sacar hilo
Una palabra inexistente pero importante de su niñez
Para sacar la palabra que lo conecta
con los otros él
como un cirujano reconstruyendo
la lengua de un testamento vital, tatuado en el corazón de una mujer,
tachando recuerdos de como penasaba que una palabra se sentía,
agonizando al borde de la lengua
repitiendo errors para saber que existe en un disco sin grabar
"muezar" para "gozar," otra lengua
hasta que encuentre el error sin "errors"
y se enlutece por la palabra, el sentimiento en la palabra ida,
existiendo solamente en su español personal
en sus sentimientos por la lengua
en su propio bumerán linguístico
en su propio universo circular y espiral

que carga consigo como un parasol: un lujo dentro de una necesidad

que no aparece en su altar para el día de muertos
cría la palabra nueva en su cuna de pensamientos,
la mima con uso exagerado
la hace tronar moldeándose a su figura.

Traffic in Madras

Was it via the English stereotypes
I now understand
three on a moped is common, four normal.
¿How do you learn to drive
when the road is narrower
than our life?

Women in saris on the back of a motorbike
sit holding on
to their futures,
their children spilling
There's people lining the road, statuesquely,
Who put the cars on the road?
Red, white and greenish garlands, almost the Mexican flag on their faces,
The face of India we see in the US:
Unisex, smiling, accomplished, dignified.
Flowers on the tails of the bikes
Women hold the rear
with their garlands,
of jasmine
and love.
The rules of the road
The gas tanks- traveling to certain kitchens~ food~Anapurna~the goddess.
The honking as a rule, not an exception.
The balloons- the colors of all the saris in one billboard.
Golden statues with garlands.
And I, on the road,
to a song of cars.
Old men without shoes walk behind
their sandaled sons.
Political signs on the road,

bearded gurus
and glassed politicians.
Mostly bindi-ed women
awaiting buses.
Yellow and blue trucks–
Footpath fruit stands:
papayas, pineapple, bananas
cut exactly for human consumption,
on the roads to human consumption.
Feeding fluids, love, color, life, normalizing the street
of what used to be~
Humans in front of the gold shops,
investing,
on their arms,
the banks of the future.
Their midriffs bare–
never the legs,
never the breasts,
never the rumps.
Never.

Tráfico en Madras

Fue, quizá, por los estereotipos ingleses
sobre los indios, que ahora entiendo
que tres en una moto es común, cuatro normal.
¿Cómo aprendemos a conducir
cuando el camino es más angosto
que nuestra vida?

Mujeres vestidas en saris atrás de una moto,
agarrándose de
sus futuros,
sus hijos desparramándose detrás de ellas.
Hay gente escultural revistiendo al camino,
¿quién puso los carros en el camino?
Guirnaldas rojas, blancas y verdosas, casi como la bandera mexicana
en sus caras,
la cara de la India que vemos en los Estados Unidos:
unisex, sonriente, realizada, dignificada.
Flores en las colas de las motos,
la mujer sosteniendo el trasero
con sus guirnaldas,
de jazmines
y amor.
Las reglas del camino:
los tanques de gas-viajando a ciertas cocinas~ comida~ Anapurna~ la diosa.
El claxón como regla, y no excepción.
Los globos-los colores de todos los saris en una publicitaria.
Estatuas doradas con guirnaldas.
Y yo en el camino,
con una canción de carros.
Viejos descalzos caminan detrás
de sus hijos calzados en sandalias.

Pancartas políticas en el camino,
gurus barbones
y políticos en gafas.
Casi todas las mujeres con bindis,
esperando los autobuses.
Trocas amarillas y azules,
puestos ambulantes de frutas:
papayas, piñas, plátanos,
cortados exactamente para el consumo de humanos,
en los caminos de consumo humano.
Alimentando fluidos, amor, color, vida, normalizando la calle
con lo que era antes~
Humanos en frente de las tiendas doradas,
invirtiendo,
en sus brazos,
los bancos del futuro.
Sus cinturas y diafragmas desnudos-
nunca las piernas,
nunca los pechos,
nunca los traseros,
Nunca.

The Road

Coconuts watching people
from the road carts.
Men, driving their mothers
Their wives, their little girls,
Who look up
as if they were
protected,
with their bodies exposed
with their white teeth secure,
their souls unexposed
to strangers.

El camino

Los cocos mirando a la gente
desde las carretas en el camino.
Hombres, conduciendo a sus madres
sus esposas, sus niñas pequeñas,
que miran hacia arriba
como si estuvieran
protegidas,
con sus cuerpecitos expuestos
con sus dientes blancos seguros,
sus almas vírgenes
a los extraños.

Manhood

Manhood exhibited on the street,
Men buying Tasmac*
Drinking,
Holding hands tenderly
In a tic, tac, toe of life.

With their friends
in a square, in lungi**
touching different parts
of the loved friend's body,
to not lose contact
with their hearts.

Squalid dogs and holy cows,
watching envious from the road,
except the astounded dog
who could no longer walk.

Passerby tourists
watching envious from their cars

intimacy,

a difficult product to export;

feminine manhood
not yet patented
by the West,
outside of stadiums

My eyes skip the heart beat.
My humanity is in diapers
in India,
where people understand
that to let you live
is already an advantage.

* Tasmac is fermented fruit juice, similar to Mexican tepache, institutionally sold in small bars by the Indian government.

** The lungi is a type of sarong or wrap around garment that men wear after work and at night, casually in India, traditionally more popular in the southern states of India.

La hombría

La hombría exhibida en la calle:
hombres comprando Tasmac*
tomando,
agarrados de las manos tiernamente
en un TA, TE, TI (tres en raya) de la vida.

Con sus amigos
en un cuadrado, llevando lungi**
tocando diferentes partes
del cuerpo del amado amigo,
para no perder contacto
con sus corazones.

Perros escualidos y vacas sagradas,
mirando envidiosos desde el camino,
excepto el atónito perro
que ya no puede caminar.

Turistas transeúntes
mirando envidiosos desde sus carros,

la intimidad,

un producto difícil de exportar;

la hombría femenina
aún no patentada
por el oeste,
afuera de un estadio.

Mis ojos se saltan un latido.

Mi humanidad está en pañales
en la India,
donde la gente entiende
que dejar vivir
ya es una ventaja.

---

* "Tasmac" es jugo de fruta fermentado, similar al tepache mexicano. Se
vende por instituciones gubernamentales a pequeños establecimientos
que a su vez lo venden a la gente, mayormente de clase trabajadora.

** "Lungi" es una especie de artículo de ropa que se envuelve alrededor
de la cintura y que parece una falda o taparrabo, y que los hombres portan
después del trabajo, o por la noche en la India, especialmente en los
estados del sur de India.

"Butiful"

In India I am beautiful.
My square face threatens no one.
The disabled transgender woman approaches me
to tell me "you are butiful."

My hook nose is not
a pirate's,
I am just another differently beautiful woman
in a sea of gold leafed women,
some with highly trained toes.

Sonorous, melodious music captures
every quote Shakespeare could have written,
tantalizing.

Thunder has already fallen over me:
"You may not know me, but I know you,"
says the guru to the guru of love.

"Butiful" / Hermosa

En la India soy hermosa.
Mi cara cuadrada no amenaza a nadie.
La mujer transgénero, con retos físicos se aproxima a mi haciendo sacrificios
para decirme "you are butiful" eres Hermosa, en un inglés diferente

Mi nariz de gancho no es
de pirata.
Únicamente soy otra mujer diferentemente bella
en un mar de mujeres con hoja dorada,
algunas con los dedos de los pies, bien entrenados.

Música melódica, sonora, captura
todas las citas que Shakespeare pudiera haber escrito,
tentadoras.

El estruendo ya cayó sobre mí:
"Quizá no me conozcas, pero yo te conozco,"
dice el Gurú al Gurú del amor.

Huaraches (Huarache souls)

They had no boots
no straps
no wish to pull them
up.

Life has tires,
it is horizontal.

Huaraches

No tenían botas
ni correas
ni la intención de
subir(se las)

La vida tiene llantas,
es horizontal.

Barefoot

For someone whose ideal was to never wear shoes,
I chant,
understanding as holy, the closeness to the earth, des-calza.

In one continent shoes
represent purity,
holiness, faith;
in another, privilege.

I will walk
on a barefoot
vegetarian road
for the pleasure
of seeing
your soul,
India.

*I have to add that the majority of East Indians are not vegetarians or vegans, as I mention in several of my poems. I happened to visit the south of India where many of the people I met were vegetarians. Approximately 272 million Indians are vegetarians, close to the entire U.S. population, which is 20-39% of India's population.

Descalza

Para alguien para quien su ideal era nunca ponerse zapatos,
canto,
entendiendo como santa, la cercanía con la tierra, des-calzas.

En un continente los zapatos representan la pureza,
santidad, fe;
en otro, el privilegio.

Caminaré
un camino descalzo,
vegetariano
por el placer
de ver
tu alma,
India.

*Tengo que añadir que la mayoría de los Indios en la India no son
vegetarianos ni veganos, como menciono en varios de mis poemas.
Resulta que yo visité el sur de la India donde mucha de la gente con
quien conviví es vegetariana o vegana. Approximadamente 272 millones
de Indios son vegetarianos, lo cual significa que de un 20 a un 39% son
vegetarianos/veganos. Esta es casi la población entera de Estados Unidos,
o sea una décima parte de la población de la India.

India

I will dress up
in everyday saris
my soul
of huipiles
for you, India.

I will hail
The problematic soul
of Octavio Paz
and adore the loving face
of Francisco Alarcón
because they
extended their arm
to you and yours
long before it was in vogue

In this case, I will take off my shoes.
It makes perfect sense
that one would be asked
to take a bath
before visiting the temple, Tirupati Timmapa,
petrified for his wish to emancipate humanity.

One should shed
the dirt of the soul
through a cleansed body
where one could
see one's dirt
disappear

Their saint that only comes
to hills, Lord Balaji, with goddess Lakshmi and princess Padmavathi,
the daughter of the king of the Seven Hills, petrified in their santity, all three,
will be able to touch our cleanliness.

I will altar my life
with images
of roads, houses, three-legged dogs, cows, rice fields.
THE IMAGINARY OF MY SOUL
will again open doors.

La India

Vestiré
a mi alma de huipiles,
en saris cotidianos
por ti, India.

Saludaré
el alma problemática
de Octavio Paz
y adoraré la cara amorosa
de Francisco Alarcón
porque ellos
extendieron su brazo
hacia ti y los tuyos
mucho antes de que estuviera en boga.

En este caso, me quitaré los zapatos.
Tiene perfecto sentido
que le pidieran a uno
bañarse
antes de visitar el templo, Tirupati Timmapa,
petrificado por su deseo de empancipar a la humanidad.

Uno debe desprenderse
de la mugre del alma
por medio de un cuerpo depurado,
en el cual se pudiera ver nuestra mugre
desaparecer.

Su santo, con otro nombre, que solo viene
a las colinas, el Señor Balaji, con la diosa Lakshmi y la princesa Padmavathi,

la hija del rey de las Siete Colinas, petrificados en su santidad, los tres,
podrán tocar nuestra limpieza.

Haré un altar de mi vida
con imágenes
de caminos, casas, perros con tres patas, vacas, campos de arroz.
El imaginario de mi alma
abrirá las puertas de nuevo.

The dead

In my stomach
like virtual crosses
lie the hundreds
of entombed chickens
dozens of cows
eighty pigs
in the shape of sausages
in carnitas
meatloaf, a ham
two hundred beef patties
two baby lechones
jamón serrano
a pigeon
an iguana
a snake
one side of deer
and even hundreds of chapulines*
I consumed before Mary's little lamb,
jumiles**,
lapin aux pruneaux,
canard a l'orange.

They are
the sacrificial lamb of the conquest,
my scarlet letter.

*Nahuatl for saltamontes or grasshoppers.
** Chocolate-"bathed" ants.

Los muertos

En mi estómago
Como cruces virtuales
yacen cientos
de gallinas sepultadas
docenas de vacas
ochenta puercos
en forma de salchichas, chorizo
carnitas
picadillo, un jamón
doscientas hamburguesas
dos lechones
jamón serrano, de pata negra
un pichón
una iguana
una víbora
un costado de ciervo
y hasta cientos de chapulines*
que consumí antes de el corderito de Mary,
jumiles,
lapin aux pruneaux,
canard a l'orange.

Ellos son
el cordero sacrificado de La Conquista,
mi letra escarlata.

*"Chapulines," Nahuatl para saltamontes
** "Jumiles" son hormigas bañadas en chocolate

The threshold

From afar
as I sit
at the recently built Country Club
with recently falling apart
sounds,
I look up
and I'm looking at a history rewound:
children wiping the floors as shoes take away purity,
because in history it is the floors that tarnished their health,
not yet looking at the walls, in my room,
in India their impeccable cleanliness is horizontal.

And, I know the Walls of my country are sullied
by slave, bracero and woman bloods, by urban youth
and the chemicals soon to perish.
I know 60 million-plus, Americans
dream of a
wall as protection, and not war, closeness and not distance, comfort
and not repudiation.
The interstice, where most of us exist, in our mythic homeland, occurs to few,
Nepantla is for some, only history is a foreign language, but wait!
I know the floors grow vegetables spiced with the anger of injustice
I know in my country my mother lost her finger on the broccoli,
someone consumed, unknowingly.
Her blood made someone's child grow, she is a part of this North America.
But they don't know it yet. Because they have been unaware
of the floors, of the fields, of the growth, of the ajolotes, who can
grow all their extremities back, like ours, while feeding others,
while cleaning floors, while wiping walls and windows
while growing children, while making clothes, while praying
for our children to become ajolotes.

El umbral

Desde lejos
al sentarme
en el recientemente reconstruido Country Club
con sonidos recientemente desaparecidos,
miro hacia arriba
 veo la historia rebobinada:
Los niños limpiando el piso cuando al pasar nuestros zapatos le quitan su pureza,
porque en la historia son los pisos los que mancillaron su salud,
sin mirar aún, habitación, en India,
su impecable limpieza es horizontal.

Y, yo sé que los Muros de mi país están manchados
por la sangre de esclavos, braceros y mujeres, jovenes urbanos
y los químicos que pronto morirán.
Sé que 60 millones y pico de americanos
sueñan en un muro como protección, no guerra, acercamiento y no
distanciamiento, comodidad y no repudiación.
El intersticio, donde la mayoría de nosotros existe, en nuestro hogar mítico,
y se le ocurre solo a algunos.
¡Nepantla es para algunos, solo la historia en una lengua extranjera,
pero espera! Yo sé que los pisos cultivan vegetales condimentados
con la rabia de la injusticia. Sé que en mi país mi madre perdió un
dedo en el broccoli,
que alguien consumió, sin saber.
Su sangre hizo que el hijo de alguien creciera, ella es parte de esta
norteamerica. Pero aún no saben. Porque han estado inconscientes
sobre los pisos, los campos, el cultivo, sobre los ajolotes, que pueden
hacer crecer sus extremidades por segunda vez, como nosotros,
aún alimentando a otros, al limpiar pisos, al pasar un trapo por
paredes y ventanas sucias y al criar niños, haciendo ropa, pagando
para que nuestros hijos se vuelvan axolotls.

They arrived at night

In the middle of the night
they arrive
to pick them up
in Mumbai, Mexico City, Paraguay
remunerating the institution
that places them abroad

sometimes not.

The Christian left-wing at heart
conducting the business of God.
They arrive, arrive, arrive
they leave, leave, leave
with the children in a lullaby,
a lullaby of motion.

Buttered jelly, red-eye flights
they navigate East
then West,
South, then North,
with the children they've collected
who might grow up with an amputated language or languages,
a single God, while having had many,
and devoid for understanding of the greatness of culture
which a Western God may not replace,
wondering all their lives, what they do not, and will never know.

Llegaron por la noche

En medio de la noche
llegaron
a recogerlos
en Mumbai, la Cd. de México, Paraguay
remunerando a la institución
que los coloca en el extranjero

y algunas veces no es así.

La izquierda cristiana, de corazón,
conduciendo los negocios de Dios.
Llegan, llegan, llegan
se marchan, se marchan, se marchan
con los niños en una canción de cuna,
una canción de cuna en movimiento.

Tostadas con jalea, vuelos tecolote
navegan por el Este
luego el Oeste,
el Sur, el Norte,
con los niños que han coleccionado,
que pudieran crecer con su lenguaje o lenguas amputad@s,
un solo Dios, habiendo tenido muchos,
y vacíos de comprender la grandeza de su cultura nativa
que un Dios del oeste quizá no reemplace,
preguntándose todas sus vidas, lo que no saben, o llegarán a saber.

Terminology

The term Indian
Is one of
Free
Not free
Characteristics
Of your English

¿Could you be Indian in India
If you grew up in East LA?

62

Terminology

El término "indio"
es uno de
libres
no gratuitas
características
de su inglés

¿Podrías ser un Indio en la India
Si creciste en EastLos?

Prickly Pears

October 12,
Today I saw
that it was not Columbus Day.
The woman at Castillo's Supermercado
in White Center, (ironically the Mexican heart of Seattle)
in front of me, María Bravo, kindly took over selecting prickly pears for
my students to try, told me that
in P'urhépecha
this is how you say 'I resist': "Ji no weikshin"
"I do not know how to write, but I speak," she said.
"And, my three American children speak," she said, "in many languages."
Carlos at lunch shared the table with me, at La Fondita
up the street, under the awning, citizens of the rain, Puebla, Oaxaca, Hidalgo,
Durango and México.
Guarded from the rain he said to me in Zapotec,
I resist today: "Cuyenda."

Tunas

Hoy vi en el calendario, 12 de octubre,
que ya no era "El Día de Colón."
La mujer en el "Súper Castillo"
en White Center
en frente de mí, María Bravo,
amablemente seleccionó tunas para que mis estudiantes las probaran.
Me dijo en en p'urhépecha, así se dice 'resisto': "Ji no weikshin"
"No sé escribirla, pero la hablo," dijo "Y mis tres hijos americanos
hablan en muchas lenguas," orgullosa.
Carlos compartió su mesa conmigo en "La Fondita."
Cerca de ahí, bajo el toldo, ciudadanos de la lluvia, Puebla, Oaxaca,
Hidalgo, Durango, y yo,
Resguardándonos de la lluvia me dijo en zapoteco
Resisto hoy: "Cuyenda."

A pin dropped on the bus

On the airport bus,
their Indian noses told me
their angle, their profile, their constitution.
The only aromas on a bus
of commuting Indians
With impeccable odors
of Western concoctions,
modernized,
all rubbed with odorous lotions
by hands unknown to me.
All fifty-six, with strong arms raised: the Yaqui Indian looking, the
Geronimo types, the Zapoteco men in India, me,
and three Englishmen
I, seated like a queen at the head of the bus, in my throne,
delightedly observing patient men,
who didn't say a word, pensive, introspective, dignified,
when the English man spoke loudly
about his bad luck in being sent there,
to Mumbai:
"how have you survived two weeks here before?"
they asked each other, with compassionate voices, all dressed in White,
in their tropical fantasy,
uncaringly speaking with disregard for the other 57 spectators,
me included in the batch of invisibles,
we were obviously foreign to their deserted mind.

Boiling on my own colonial caldo,
I spoke up to a bus full of laughs of beautiful brown men with
deliciously white teeth, for whom I was the most eloquent woman,
the most beautiful voice in India for five seconds,
they would roll out the carpet for me and carry my bags off the bus

minutes later, and almost me, honorably, because
IIIIIIIIIIII was the presto pot that went off on the global burner, the
gurgling resistance provoking a loud crack,
whistling offffff in a football coach's loud voice: "How the mmm...
have you survived hundreds of years here, and what are you doing
here if you need to SURVIVE, this beautiful country, of beautiful people,
with your smelly over conditioned hair, and plain cotton Benetton clothes?
You, who sold US eau de perfum, forgo it, might I say, gentlemen, you stink."
"PLEASE GET OFF OUR BUS," I SAID,
as I became more Indian than the Indians,
for a second..... possessing the country and the bus,
that the 56 Indians shared,

with me.

Silencio absoluto en el autobús

En el autobús del aeropuerto, de un vuelo a otro,
sus narices indígenas me dieron
su ángulo, su perfil, su constitución.
Los únicos aromas en el autobús
de viajeros diarios, indios,
 con olores impecables
de brebajes occidentales,
modernizados,
todos restregados con olorosas lociones
por manos desconocidas por mí.
Los 56, con brazos fuertes, erguidos, agarrados del tubo: los yaquis,
los tipos Gerónimo, los zapotecos de la India, yo
y tres ingleses.
Yo, sentada como reina en el frente del autobús, en mi trono,
agradablemente observando hombres pacientes,
aún sin decir palabra, pensativos, introspectivos, dignos,
cuando el inglés habló con voz fuerte
sobre su mala suerte "al haber terminado
en Mumbai":
"¿cómo has sobrevivido dos semanas aquí antes?"
dos ingleses se preguntaban uno al otro con compasión,
vestidos de blanco por completo,
en su fantasía tropical,
indiferentemente hablando con menosprecio para los otros 57 espectadores,
yo, incluida en la tanda de invisibles,
eramos obviamente extraños a sus mentes desiertas.

Hirviendo en mi propio caldo colonial,
hablé fuerte en un autobús lleno de carcajadas de hombres morenos
y hermosos, con dientes deliciosamente blancos, para quienes yo fui
en ese momento la mujer más elocuente, con la más bella voz en India,

por cinco segundos.

Sacarían la alfombra roja para mí, cargando mi equipaje del autobús al avión unos minutos más tarde, y casi me cargaron a mí con honor, porque

Yooooooooo era la olla presto que estalló en el quemador global, el gorgoteo resistente provocando un chasquido, disparándose en la voz fuerte de un entrenador de fútbol:

"Cómo fregados han sobrevivido cientos de años aquí, y ¿qué están haciendo aquí si necesitan SOBREVIVIR, en este país hermoso, de gente hermosa, ustedes, con su cabello apestoso y demasiado acondicionado, y ropa de Benetton? Ustedes, que nos venden eau de parfum, renuncian a él, déjenme decirles, caballeros, apestan."

"Por favor salgan de nuestro autobús," dije,

mientras me volvía más india que los indios,

por un segundo…posesionando el país y el autobús, que cariñosamente compartieron los 56 indios,

conmigo.

Students

For my beautiful host, Seetha Naranayan

"Who were your students
is who you are" says Seetha with her modest gaze.

The measurements of their pride are the barometers of ours.

I know you could hear Seetha in Seattle from there,
ten thousand miles are but sprinkles on the performing mat.
Her rangeless voice at Ragasudha Hall
resonated horizontal in audience head movements,
hand tappings instead of tears from the connoisseurs-
Her Carnatic elements
with accompaniments of pleasure, a drop in the wide
container of amassed embellishing karma today.
One more drop in her ocean of lifelong throat offerings

What instruments would you need
to bring pleasure to the saints,
to the nondenominational eternal saints?

The yellow lines of their foreheads match
the gold of holiness
The sarape-like covered platform tarima
speaks a multitude of speechless languages in honor
The white lines of their foreheads,
the red powder on gendered declared women's parts,
the mehndi on my hands
at Ragasudha Hall.

My tears escape rebelliously

knowing the US
living grandkids and kids
cannot
witness today, the pleasures of her voice
the priceless pleasures of tradition
in their ancestor's presentation of
life unsilenced, of life eternal,
in her throat.

I am the only one who cries.

Estudiantes

Para mi bella Seetha Naranayan

"Quienes fueron tus estudiantes
es quien eres tú," dice Seetha con una mirada modesta.

Las medidas de su orgullo son los barometros del nuestro.

Sé que podían escuchar a Seetha en Seattle desde allí,
diez mil millas son como pizcas en el tapete de artes escénicas
su voz extensamente ilimitada en Ragashudha Hall
resonando horizontalmente en los movimientos de cabeza de la audiencia,
pulsaciones de manos en vez de lágrimas de parte de los
conocedores-expertos
Sus elementos carnáticos
con acompañamientos placenteros, una gota en el amplio contenedor
de el embellecedor karma hoy amasado.
Una gota más en su óceano de ofrendas de garganta a lo largo de su vida.

¿Qué instrumentos se necesitarian
para traer placeres a los santos,
a los no denominacionales santos eternos?

Las líneas amarillas en sus frentes combinan
con lo dorado de la santidad.
La tarima cubierta por una cobertura de colores sarape
habla multitudes de las lenguas de honor, sin habla.
Las líneas blancas de sus frentes,
el polvo rojo en las partes de las declaradas de género femenino,
el mehndi en mis manos
en Ragasudha Hall.

72

Se me escapan las lágrimas rebeldemente
sabiendo que en los Estados Unidos
nietos e hijos vivientes
no puedan
ser testigos hoy, de los placeres de su voz
los invaluables placeres de la tradición
en la presentación de sus ancestros
de una vida no silenciada, de la vida eterna,
en su garganta.

Soy la única que llora.

America and Americans

A Chicana represents America in India,
my rebozos folded
three meters, not seven,
the sari awaits.
I will come back folded
all my seven yards of skin, including the blouse
organized in Indian thoughts~
One- I am India
Two- I am not
Three- I am a mestiza
Four- I am the possibility of measurement
for colonization,
not in 16ths or 32nds,
like our very own Indians in America.
Their noses-our noses,
all reach the major curve,
requested of an Indian.

Five- tea speaks louder than words
Six yards are eighteen feet or the equivalent of three men,
 or one woman, one sari.

All Indians, it is clear~ we are physically literate.

Estados Unidos y los norteamericanos (América)

Una chicana representa a Estados Unidos en la India,
mis rebozos doblados
tres metros, no siete,
el sari en espera.

Volveré doblada:
mis siete yardas de piel, incluyendo mi blusa
organizadas en pensamientos indios~
Una– soy India
Dos– no lo soy
Tres– soy una mestiza
Cuatro– soy la posibilidad de medidas
para la colonización,
no en diciséisavos o treintaidosavos,
como a nuestros nativos norteamericanos se les mide.
Sus narices-nuestras narices,
todas alcanzan la curva mayor,
requerida de un indio.

Cinco– el té habla mas fuerte que las palabras.
Seis yardas son dieciocho pies, o el equivalente de tres hombres,
  o una mujer y un sari.

Todos indios, está claro- somos físicamente letrados.

Orthopedics

My Indian bones
strewn on the lawn
of my subconscious.
The chiropractor
collected them
each week
and packaged them
as well as he could.

You, India, my love,
La India, Las Indias
reorganized them,
to speak poetry
through their hairline fractures
properly,
in English.

You taught them best to be stellar
in presentation and articulation.
You, India, loved them.
You, India, made them pudding in your hands,
distilled their value,
they were numbered up to 206
and used accordingly.

In your hands, India
they became flexible
and cordial.
In your hands, India
they even
genuflect meditating,
from East to West
a rendez-vous
of soul and matter.

Ortopédica

Mis huesos indígenas
dispersados en el césped
de mi subconsciente.
El quiropráctico
apenas y los reunió
cada semana
y los empacó
como mejor pudo.

Tú, India, mi amor
La India, Las Indias
los reorganizaste,
para que hablaran poesía
por sus fisuras minúsculas
propiamente,
en inglés.

Tú, les enseñaste de la mejor manera a ser estelares
en presentación y articulación.
Tú, India, los amaste.
Tú, India, los hiciste plastilina en tus manos,
destilaste su valor,
fueron numerados hasta el 206
y utilizados correspondientemente.

En tus manos, India
se volvieron flexibles
y cordiales.
En tus manos, India
hasta genuflexionan meditando,
de este a oeste
un rendez-vous
de alma y materia.

Pulling

For Nalini

Our students tell me
we are similar
I say jokingly "we are the two Indians on the faculty"
I explain, you from Madras
me, from near Tepehuanes.

They say we both pull our hair in strands
when we need to respond to a difficult question,
make a fuss with it,
toss it back.
It is our extension,
the other arm of our intellect
our idyllic Samson-powered brain.

They say
we, in problematic times,
resort to our thread of elegance:
mend tears in color,
sew torn misunderstandings,
patch needy cultures,
embroider the cushions of difficulty.

¿How could it be
that the genetic coding for women
of Indian ancestry traverses
continents and oceans?

Jalando
Para Nalini

Nuestros estudiantes me dicen
que somos parecidas.
Y yo les digo en broma: "Hay dos indias en la facultad."
les explico, tú de Madras
yo, de cerca de Tepehuanes.

Dicen que las dos jalamos nuestro pelo en mechones
cuando necesitamos responder a una pregunta difícil,
lo alborotamos
lo echamos para atrás.
Es nuestra extensión,
el otro brazo de nuestro intelecto,
nuestro idílico empoderado cerebro-Sanson.

Dicen,
que nosotros,
en tiempos difíciles,
recurrimos a nuestro hilo de elegancia:
surcimos las lágrimas a color,
cosemos los mal entendidos rotos,
ponemos un parche en las culturas necesitadas,
bordamos los cojines de la dificultad.

¿Cómo es que pueda ser que
el código genético para las mujeres
de ancestros indígenas atraviese
continentes y océanos?

¿Were they looking for their hair when they approached me?

They crossed the street
to touch my hair–which could have
possibly been theirs.
They smilingly examined its attachment to my head,
touched delicately my hair,
lucidly looked through my cranial jungle
to determine its origin.
I, mesmerized, by such loving investigation
from a massive crowd of Indians
on the street
who admired it.
And still
I wondered if an Indian woman they knew
could have offered the strings of her instrument at the temple,
her purification,
for Western women to wear wigs, unflinchingly,
to wear them, the people,
in their temple state
in their holiness, would have offered it,
for a few dollars

in prayer.

¿Buscaban su cabello al aproximarse a mi?

Cruzaron la calle
para tocar mi pelo- que podía posiblemente ser el de ellas.
Sonrientemente me examinaron para ver si mi cabello estaba unido
a mi cabeza.
Tocaron delicadamente mi pelo.
Lúcidamente miraron a través de mi jungla cranial
para determinar su origen.
Yo, anonadada, por tan amable, amorosa investigación
de una masiva muchedumbre de indios
en la calle
que admiraban mi pelo.
A la vez,
me preguntaba si alguna mujer India que conocieran
pudiera haber ofrecido cuerdas de su instrumento al templo,
su purificación,
para que las mujeres del oeste pudieran portar pelucas,
inquebrantablemente.
Para ponerselas, la gente,
de su templo,
en su santidad,
las hubiera ofrecido, por unos cuantos dólares

en rezos.

¿Sari
or
Rebozo?

Our

fabric

could

cover

it

all,

or

lay

it

all

bare.

¿Sari
o
Rebozo?

Nuestra

tela

puede

cubrirlo

todo

o

dejarlo

todo

al

descubierto.

Exchange

When you wear my huipil
as if you were wearing a sari,
it is not that we are trading identities
or cultures,
simply respect.

Intercambio

Cuando luces mi huipil
como si llevaras puesto un sari,
no es que estemos intercambiando identidades
o culturas,
simplemente respeto.

Survival

The weeks have passed
by my revolving door,
and I have not yet
returned from India

Some parts of me
are yet
not here,
they refuse
to suffer
the cold of the Northwest.

My husband says
I left him
for India,
because
I cannot be here.
I dream
the extreme affection
expressed everywhere:
the politeness, kindness, compassion, beauty
not here, not the same, anywhere but there.
¿How long will it last
until I need
to take the survival drug of travel,
and return
upon its shores?
¿Is this why Indians
need not travel often
to the Mother land?

The love of their loved ones
and unloved ones, their land, their climate,
their Gods and their Goddesses
lasts for months,
maybe a lifetime,
upon their mostly lifted hearts.

Supervivencia

Las semanas han pasado
por mi puerta giratoria,
y yo todavía no he
vuelto de la India

Algunas partes de mí
aún no
están aquí,
se rehusan
a sufrir
el frío del noroeste.

Mi esposo dice
que lo dejé por la India,
porque
no puedo estar aquí.
Sueño
el extremo afecto
expresado en todas partes:
cortesía, gentileza, compasión, belleza.
No aquí, no igual en ningún otro lugar.
¿Cuánto tiempo pasará
hasta que tenga que tomar
la droga viaje, de la supervivencia,
y regresaré a sus costas?
¿Es por esto que los Indios
no necesitan viajar seguido
a la madre tierra?
El amor de sus seres queridos
y no queridos, su tierra, su ambiente

sus dioses y sus diosas
dura meses,
quizá una vida,
en sus casi totalmente elevados corazones.

Sweets

In the jamoncillo, palanquetas, garampiñados, alegrías,
arequipe de Colombia,
I recognize the women
stirring the pots
in the small town of Canatlán of my childhood
the same nuts,
the same milk,
ten thousand miles away
the same nomenclature
different,
but the same,
men and children
lined up
for sweets
in order to delight themselves
with milk Benghali sweets
bought at the Adyar Ananda Bhavan shop.

Caramel was not Mexican
I thought,
in a
dreamy, dumbfounded disillusion
"sweet, steamy, sipping, sugary sweets
remind me,
we are never too far
from the familiar."

Dulces

En los jamoncillos, palanquetas, garampiñados, alegrías,
arequipe de Colombia,
reconozco a las mujeres
meneando las cacerolas
en el pequeño pueblo de Canatlán, de mi niñez:
las mismas nueces,
la misma leche,
a diez mil millas de distancia
la misma nomenclatura,
diferente
pero igual.
Los hombres
y los niños
haciendo cola
por los dulces
para deleitarse a sí mismos
con dulces de leche Benghali
comprados en la tienda Adyar Ananda Bhavan.

El caramelo no es mexicano,
pensé,
en una desilusión atónita y somnolienta,
"los caramelos dulces, calientitos, chorreantes, azucarados
me recuerdan,
que nunca estamos demasiado lejos
de lo familiar."

Ezell's

The chickens run freely in the South of India
I think, while I wait in line.
You found me,
I found you.
Mexican Indians, from Oaxaca, Veracruz, Guerrero,
take our orders
Eritreans, white men, urban Indians, you and I,
mentally drool on future indulgent delights,
buy African American styled chicken
you, a chicken-eating Fiji Indian
who writes poetry in colors,
who said to me
"We all have orange eyes"
You found me there,
to remind
the "me" next door,
that I could be found
eating chicken
beside a non-vegetarian Indian, in America.

Ezell's

Las gallinas corren libres en el sur de la India,
pienso, mientras espero en la cola.
Me encontraste,
yo te encontré.
Indígenas mexicanos, de Oaxaca, Veracruz, Guerrero
toman nuestras ordenes.
Eritreanos, hombres blancos, indios urbanos, tú y yo,
botamos la baba mentalmente
por el futuro deleite de nuestros paladares indulgentes,
compramos pollo estilo afro-americano.
Tú, un Indio-flyano come-pollos
que escribe poesía a colores,
y que me dijo:
"Todos tenemos los ojos anaranjados."
Me encontraste ahí,
para recordar
a la "yo" de al lado,
y que se me puede encontrar
comiendo pollo
al lado de un Indio no vegetariano, en los Estados Unidos

¡Qué casualidad! in Mumbai (By Chance)

Headphones abandoned in the front pocket
of a previous plane
my song, my music waiting
hours for the next –
I am intrepid,
I play a song of "Real Rancheras"
at the Mumbai airport, gate 27.
Instantly I have an audience of Indians
I am surrounded by globalization,
questions about the music I play abound,
¿What are the accords here?
¿How many instruments?
¿Is this use of accordion common?
¿Is he a famous singer?
They must dance to this great music.
¿Where is it from?
¿Where are you from?
¿What are we like to you?
¿Do you like India, will you come back?
Questions are doors at the verge
of opening, in India,
Qué casualidad
Was I in Latin America,
where questions are posed
at airports?
This was a dream back in California,
I sing "Qué casualidad" with Ramón Ayala,
in my car, down Main Street Mexicans are joyful, in tune.
At a red light, a man in a White truck, in disgust,
looks down upon me, and rolls up his window,
Qué casualidad! I have known this look all my life,
No East Indians on this street…. I sigh…

¡Que Casualidad!

Audífonos abandonados en la bolsa de enfrente del previo avión.
Mi canción, mi música en espera
horas por el siguiente vuelo-
Soy intrépida,
toco una canción de las "verdaderas rancheras,"
en el aeropuerto de Mumbai, sala 27.

Instantáneamente tengo una audiencia de Indios.
Estoy rodeada por la globalzación,
preguntas sobre la música que toco abundan:
"¿Qué acuerdos hay en esta canción?
¿Cuántos instrumentos?
¿Es un cantante famoso?
Seguro que bailan con esta música maravillosa.
¿De dónde es?
¿De dónde eres tú?
¿Cómo te parecemos?
¿Te gusta la India? ¿Volverías?"
Las preguntas son puertas, por abrirse
en la India.
¡Que casualidad!
¿Estaba yo en latinoamérica,
donde se posan preguntas
en los aeropuertos?
El anterior, uno de mis sueños favoritos sobre la India, ya en
California.
Canto "Qué Casualidad" con Ramón Ayala,
en mi carro, por la calle Main los mexicanos alegres, al tono.
En la luz roja, un hombre en su camioneta blanca, con desprecio,
me mira, y sube su ventanilla,
qué casualidad! He reconocido esta mirada toda mi vida,
Y suspiro, "aquí en esta calle no hay Indios…"

Canines

Unleash the dogs,
let them locate
our dislocated love,
let them sniff out
the pained gargantuan scar
that disenfranchised our words

let them peruse
through our irreconcilable taste:
your naan and my tacos.

Caninos

Suelten los perros,
Dejen que encuentren nuestro amor dislocado
dejen que olfateen la cicatriz gigantesca del dolor
que margina nuestras palabras
permitan que examinen atentamente nuestro inconciliable sabor:

su naan y mis tacos

¿You don't want a tan?

We are all sickly-looking, pale,
they said to us.
We two, the Indian and the mestiza, stand strong
not wanting the table on the sun
for a meeting with our colleagues.
They are familiar with the charms of the sun.

Me, fearing skin cancer,
leather skin from working too long in the fields,
not laying out to tan.
My friend from East India
knows well, only White women see the sun
as a summer toy.

My sister, complimented for the tan she did not have
constantly~
We are familiar with those insults,
confused with compliments.

¿No quieres broncearte?

Tenemos apariencia enfermiza, pálidas,
nos dicen.
Nosotras dos, la india y la mestiza coludimos
sin querer la mesa en el sol,
con nuestras colegas, para una reunión.
Ellas familiarizadas con lo adorable del sol.

Yo temiendo el cáncer de la piel,
piel de cuero al estar trabajando demasiado en los campos, bajo el sol,
y no explayándonos para broncearnos.
Mi amiga de la India
sabe bien, que solo las mujeres blancas ven el sol
como un juguete de verano.

Mi hermana recibió cumplidos por el bronceo que nunca ha tenido,
constantemente~
Estamos familiarizadas con esos insultos,
confundidos con cumplidos.

In America

In America,
we think we eat Chinese food,
we think we eat Indian, Italian and Mexican food.

We really eat leftovers from tables of cooks
"making do" without heartsought ingredients,
cravings and other maladies,
surveyors of early ulcers,
from nostalgia.

En América

En Estados Unidos,
Creemos que comemos comida china,
Creemos que comemos comida de la India, y comida mexicana.

En realidad, comemos las sobras de las mesas de los cocineros
"arreglándoselas" sin ingredients del alma,
antojos y otras enfermedades,
inspectoras de úlceras tempranas,
por la nostalgia.

¡A Comer!

Tortillas—
Bricks pounded by her hands,
stabs of texture
constructing the unconscious
of popular memory,
ticking away at the baby~ atole.

Beige paper of limestone
writing poems.
Ink is the dirtiest occupation,
it smears meanings
like buttered toast.

I only make tortillas
when I write poems.

In India tortillas
are buttered like toast
I always wondered
why the U.S. expected
butter for tortillas
in restaurants
¿Were they expecting naan?
¿Have we become the impostors
of our continent?
¿Our foods "the other Indians"?

¡A Comer!

Tortillas~
ladrillos moldeados por sus manos,
losas de textura
construyendo el inconsciente
de la memoria popular,
avanzando inexorablemente el bebé
al atole.

Papel beige de cal y maíz
escribiendo poemas.
La tinta es la ocupación más sucia,
se corre en los significados
como en el pan tostado la mantequilla.

Solo hago tortillas
cuando escribo poemas.

En la India las tortillas son naan
con mantequilla como el pan.
Siempre me pregunté
por qué los estadounidenses esperaban
mantequilla para las tortillas de harina,
en restaurantes.
¿Eran ingleses esperando naan?
¿Nos hemos vuelto los impostores de
nuestro continente?
¿Nuestras comidas "de los otros Indios?"

Stitches

Marías et all,
You crossed to the other world.
You set foot on the usefulness of death that
allowed you to exist only to become
a faceless soul in numbers,
a pile of unidentifiable bodies.

Yet you were made to speak as a number,
to say:
"We were made to spread love on the burnt toast of divisiveness, the line."
Made too suture border wounds,
to mend the tears of land, of age, of words that know no law.

Your bodies: the stitches of the Río Grande~~~~~~~~~~~~~~~~~Bravo~~~
Adding up to north south, to south north.
Weavings
of life, of death of
INTENTIONALITY,
OF UNINTENTIONALITY,
OF LAWLESS LAWS,
OF INTIMATE DENIAL.

HOLDING RIVERS AS FENCES,
CANYONS AS SWORDS,
BODIES AS GRAFTS,
of the land.

Puntadas

Todas las Marías,
cruzaron al otro mundo.
Pusieron pie en lo útil de la muerte que
les permitió existir solo para volverse
un alma con número y sin cara,
un montón de cuerpos sin identificación.

Y, aún así se les hizo hablar con un número,
para decir:
"Nos hicieron para propagar el amor en el pan tostado de las divisiones, la línea.
Hechas para suturar las heridas de la frontera.
Para surcir el llanto de la tierra, de la edad, de las palabras que no
conocen ninguna ley."

Sus cuerpos: las puntadas del Río Grande~~~~~~~~~~~~~~~~~~~Bravo~~~
Sumando de norte a sur, sur a norte, el zig zag de la vida, de la muerte
intencional de la no intencionalidad,
de las leyes sin ley,
negaciones íntimas.

Reteniendo a los ríos como cercas
a los cañones como espadas,
a los cuerpos como injertos,
de la tierra.

¿How many Indians can we be?

Dying at night is not the custom of my ancestors.
"Hold your liquor into the future," your motto.
let me love you as an adult
should love the father
she could not find
as a child—
we played hide and go seek, a las escondidas
with our feelings,
¿remember?

I never wanted a trophy of your sadness, father
But you drank all the liquor that belonged to
the high priests of the Aztecs—
"Tepehuanos" you would say— From the mountains of Durango-
¿How many Indians can we be?
but really you looked like an Indian from India father
¿What kind of Indian were you?

Now my children say as we pass the Totem Poles, in grandeur,
"mommy, our ancestors made those didn't they,"
because the Seattle City Schools has no box for Mexicans, I say "yes,
they did, and so many things more"
as the Indian melts away into other Indians.

You left us father,
you escaped like the sock that goes to the Goodwill in a pants' pocket,
victoriously
to never see its relatives again?
¿Could the other socks at the Goodwill make you
in the way you wanted?

¿How many Indians were you father?
You gave me your love,
and couldn't take it back.

¿How many Indians can we be?

¿Cuántos indios podemos ser?

Morir por la noche no es la costumbre de mis ancestros.

Desempeñarse mejor con el licor hasta el futuro, su lema.
Permítame amarlo como una hija adulta
debe amar al padre
que no pudo encontrar
de niña-
Jugábamos a las escondidas
con nuestros sentimientos,
¿Se acuerda?

Nunca quise un trofeo de su tristeza, padre.
Pero, se tomó todo el licor que les pertenecía
a los altos sacerdotes de los aztecas_
"tepehuanos" decía—de la sierra de Durango-
¿Cuántos indios podemos ser?
Pero, en realidad parecía un indio de la India, padre.
¿Qué clase de indio era, padre?

Ahora mis hijos pasan los Postes Tótem, con grandeza,
"mami, nuestros ancestros hicieron esos, no es así?"
porque las escuelas de Seattle no tienen un casillero para los
mexicanos, digo
"Sí, los hicieron, y tantas cosas más."
Mientras mi indigenismo se derrite mezclándose con otros
indígenismos.

Nos abandonó padre,
¿Se escapó como un calcetín que se va al Goodwill en el bolsillo de un
pantalón,

victoriosamente
para nunca regresar a sus parientes de nuevo?

¿Pudieron los otros calcetines del Goodwill hacerlo como usted
quería?
¿Cuántos indios era padre?
Me dio su amor, y no pudo llevárselo de vuelta.

¿Cuántos indios podemos ser?

Totem

For John T. Williams/ Our urban martyr in Seattle

In seven seconds
carve me a man
who will not kill you
for using a knife, to eat.

Carve me a heaven
where deaf is not a crime
where knife is not
a gun.

Where walking is not
unusual
a native is not foreign
and four shots are not discharged
in your direction, for being.

Tótem
Para John T. Williams/ Nuestro mártir urbano en Seattle

En siete segundos
tállame un hombre
que no te mate
por utilizar un cuchillo, para comer.

Tállame un cielo
donde estar sordo, no es un crimen
donde cuchillo
no es pistola.

Donde andar por la calle,
no es raro
donde un nativo no es extranjero
y cuatro tiros no se descargan
en tu dirección, por ser.

Tomb Stones in a Bag

Salmon in Seattle
Cherubs in Chennai
Fish in Finland
Boxes in Beijing
Ofrendas in México,
Trouts in Turkey.

Gift boxes full of salmon
nowhere to belong,
in the vegan land
in India
South.

Left out on the balcony,
the boxes of cacophony.

My cultural dyslexia
perpetuated…
The boxes agreeingly
flew back home,
became proud
salmon in Seattle.

Tumbas en el balcón

Salmón en Seattle
Chocolate en Chennai
Pulpos en Polonia
Cajas en Kawai
Mangos en México,
Truchas en Turkía.

Regalos de salmón
que no caben en ningún lado,
en la tierra vegana
de la India del sur.

Abandonadas en el balcón
las cajas de salmón.

Mi dislexia cultural
perpetuada…
Las cajas armónicamente
vuelan de nuevo al noroeste
se vuelven, orgulloso
salmón en Seattle.

Destination

We are not there yet, aún no hemos llegado, todavía puedo apuñalar al destino by not believing philosophical lines separate us.

We're not there yet, I can still speak English in Spanish, Spanish in English, and my teeth have not been whitened yet by the vanity of ultramundos. We're not there yet, the muscles of birds are stronger than airplanes and I am a foreigner in what is foreign from them.

We're not there yet, I have not yet ultimado my itinerary with the details of, Buddhist tourists,
who only know how to pray with their bodies ~ fly with their minds.

We're not there yet. Ink is still an enemy to emaciated men and incarcerated women.

We're not there yet because as long as we can still walk with words, we are deeply healing,
absent from the updated paradigms, los paradigmas actualizados no han bajado, they have not yet downloaded.

Destinación

Aún no hemos llegado, todavía puedo apuñalar al destino no creyendo que las líneas filosóficas nos separan.

Aún no hemos llegado, todavía puedo hablar inglés en español, español en inglés, y mis dientes no han sido blanqueados aún por la vanidad de ultramundos.

Aún no hemos llegado, los músculos de los pájaros son más fuertes que los aeroplanos y yo soy una forastera, en lo que sea extraño para ellos.

Aún no hemos llegado, no he últimado mi itinerario con los detalles de los turistas budhistas, que solo saben rezar con sus cuerpos ~ volar con sus mentes.

Aún no hemos llegado. La tinta aún es un enemigo para los hombres desnutridos y las mujeres encarceladas.

Aún no hemos llegado porque mientras sigamos pudiendo caminar con palabras, seguimos sanando,
ausentes de los paradigmas actualizados, los paradigmas actualizados aún no han bajado.

Xochiquetzal

Xochiquetzal, goddess of sensuality, feasting, craftsmanship, among other pleasures. Patron of weavers, embroiderers, silversmiths, and sculptors.

Xochiquetzal, we, who invented private kitchens to cook alone,
to die in solitude, need you,
we do.
We who cook for one and share with none
We who progress by destroying
We who shop for food begrudgingly or as a pastime
We who do not cultivate vegetable, fruit and root gardens…
and know not the joy of eating flowers,
selling at the mercado
coloring our faces and bodies
envision musical and sensual futurisms.
We who collect pots and pans we might never use
and forgo nixtamal daily for hamburger buns made last year.

We who recycle clothes instead of gifting them
who waste our lovemaking cadences on ourselves, frivolously
and use our nails as blank screens, instead of tools,
Bless you.

These days, you would know us ill, broken, materialistic, brute, lazy, ignorant.
And yet we weave food into love, that is our festive weave, our
satisfaction whole, enjoying the world you created.

To remember a world you navigated in your colorful quetzal feathers,
our quest is in fact a feather,
we can fill with ink.

Xochiquetzal

Diosa de la sensualidad, el festejo, y el placer
en general, especificamente el placer sexual.
Patrona de tejedores, bordadores,
trabajadores de la plata y escultores.

Nosotros que inventamos cocinas privadas
para cocinar a solas, para morir en la soledad, te necesitamos.
Nosotros, que cocinamos para uno y compartimos con ninguno,
nosotros que progresamos destuyendo, los que vamos de compras
de comida a regañadientes y no cultivamos jardines de legumbres y
verduras, frutas y raíces…
Nosotros que coleccionamos ollas y sartenes que a lo mejor no
usamos, preferimos dejar el nixtamal por una hamburguesa y por un
pan hecho el año pasado.

Nosotros que botamos ropa en vez de regalarla y que
desperdiciamos las cadencias del amor en nuestra persona,
frívolamente y utilizamos nuestras uñas como páginas en blanco en
vez de herramientas, te bendecimos.

Estos días
Tú nos sabrás enfermos
rotos, materialistas, brutos perezosos, ignorantes.
Y aún así tejemos amor en la comida, ese es nuestro tejido de
celebración, nuestra satisfacción completa,
gozando el mundo que fabricaste.

Recordamos el mundo en el que navegaste
en tus coloridas plumas de quetzal,
nuestra búsqueda es,
de hecho, una pluma, para llenarla de tinta.

Once I was a Guitar or Huehuecóyotl

In Aztec mythology, Huehuecóyotl [weːweˈkojoːtɬ] is the auspicious Pre-Columbian god of music, dance, mischief, and song. He is the patron of uninhibited sexuality.

Para Enrico Gabriel Muhs

Once I was an incandescent guitar
and they played my body
and I played my body
with silly poems
and hair strings.

The strings of my hair
were
strong and luminescent,
they made multiple
interminable notes.
Notes that only he could hear, Huehuecóyotl,
in his universe of varied and unforgettable instruments.

Once I was a trumpet
to the Sonora Santanera
rhythms and Gato Barbieri
made me
invent innovative stories
for my literary horn, Cigala would know.

And, once all my musics
put together
made Africa sing: North Africa, Sub Saharan Africa, the Africa
de carne y hueso, the Africa of voices and hairdos, the Africa

of indiscernible colors, those inside the notes of a song, inside
the undiscovered water, inside the hearts of babies who drool soul
and justice. It is the Africa we still have not dared to meet, because
our blindness is hidden under the ocean,
the ocean of libraries without Africans.

Today I am no longer a stringed instrument or a horn.
Today I am you, who reads these notes to your melody, and sings on~
Inventing the melody of you the world can identify,
invent the melody of you the world can hear and be joyous.
We are after all, instruments in the desert
until someone plays or hears our unimaginable song.

En una ocasión fui una guitarra o Huehuecóyotl

En la mitología Azteca, Huehuecóyotl es el prometedor dios
precolombino de la música, la danza, la picardía, y el canto. Es el patrón
de la sexualidad deshinibida.

Para Enrico Gabriel Muhs

En una ocasión fui una guitarra incandescente y tocaron mi cuerpo
Y toqué mi cuerpo
con poemas tontos
y cuerdas de pelo.

Las cuerdas de mi cabello
eran
fuertes y luminiscentes
hicieron multiples
e interminables notas.
El único que pudo escucharlas,
Huehuecóyotl,
en su universo de variados e inolvidables instrumentos

En una ocasión fui una trompeta
para la Sonora Santanera.
Los ritmos de Gato Barbieri
me hicieron
inventar historias innovadoras
para mi trompeta literaria, Cigala lo sabría.

Y, en una ocasión todas mis músicas
juntas
hicieron que Africa cantara: África del norte, África subsahariana, el
África de carne y hueso, el África de voces y peinados, el África de
colores indescirnibles, los que están dentro de las notas de una

canción, adentro de las aguas aún no descubiertas, dentro de los
corazones de los bebés que babean alma y justicia. Es el África que
aún no nos hemos atrevido a conocer,
porque nuestra ceguera está escondida bajo el océano, el océano
de bibliotecas sin africanos.

Hoy ya no soy un instrumento de cuerdas o una trompeta.

Hoy soy tú, quien lee estas notas en su melodía, y sigue cantando~
Inventando la melodía de ti que el mundo puede identificar,
inventa la melodía de ti, con la que el mundo pueda escuchar y recocijarse.

Somos después de todo, instrumentos en el desierto
hasta que alguien toca o escucha nuestra inimaginable canción.

Hum-Pedro-Hum

For, about, because of...Pedro Martín,
Watsonville farmworker for more than 40 years

There are mountains in his nails, the earth shaped his fingerprints.
He grew corn on the side of the strawberry milpa, frijoles, calabaza, y todo.
His father is 90-99-100-103, in the old pick up truck next to him.
He serves Don Alejandro avena for breakfast with strawberries
Washed with the potable water in milk cartons, all the workers bring
from home.

Eat the gorditas Mercedes, the mother of ten prepared for them,
tamales in plantain leaves, for Don Alex to remember he is
surrounded by the smell of bananas, at home.

In the afternoon, after he wakes up he inquires:
"Where's Pedro? ¿Dónde está?" his father asks.
One hundred mouths to respond, "aquí con nosotros," "aquí con Ud."

All the young workers keep an eye on the Mexican revolucionario, who
fought to have his son, the crop sharer, Pedro, grow berries for a million
hungry, dry mouths: French mouths, Belgian mouths, ungrateful mouths,
Safeway mouths, U.S. mouths and mouths at the Salvation Army, mouths
in migrant camps making agua de fresa, water with the strawberries.

He engendered people to defend, teach, heal, feed, write about,
draw, fix TV's, patch walls, police, build houses, sell houses, paint,
serve in the Army and the Navy, sell vegetables and fruits, collect
money, report, keep an office, sing as a zoo keeper, smile...

Pedro hums an old Javier Solis song: "Payaso," on the radio, to which all the
women in the fields sigh, and they all remember they are not machines.

Tararea~Pedro~Tararea

Para, sobre, por ... Pedro Martín, trabajador del campo
en Watsonville, California por más de 40 años

Hay montañas en sus uñas, la tierra ha formado sus huellas. Cultivó maíz,
al lado de la milpa, la milpa de fresas para el patrón, frijoles, calabaza, y todo.
Su padre tiene 90-99-100-103 años, en la vieja camioneta, a su lado.
Le sirve avena con fresas para el desayuno, a Don Alejandro, lavadas
con el agua potable que llevan en cartones de leche que todos los
trabajadores llevan de casa.

Comen las gorditas que Mercedes, la madre de diez les preparó;
tamales en hojas de plátano, para que Don Alex recuerde que está
rodeado por el olor de plátanos, en casa.

Por la tarde, después de despertar de su siesta pregunta:
¿Dónde está Pedro? pregunta por su hijo.
Cien bocas responden," aquí con nosotros," "aquí con Ud."
Todos los jovenes trabajadores le echan un ojo al revolucionario
mexicano, que peleó para que su hijo, el mediero, Pedro, cultivara
fresas para un millón de hambrientos, bocas secas, bocas francesas,
bocas belgas, bocas en el banco de comida, bocas desagradecidas,
bocas de Safeway, bocas estadounidenses, y bocas del Salvation Army,
bocas en campos migrantes, haciendo agua de fresa, con sus fresas.

Engendró gente para defender, enseñar, sanar, alimentar, escribir,
arreglar TVs, instalar paredes, construir y vender casas, pintar,
el servicio público, el ejército y la naviera, el periodismo, el
secretariado y encargados del Zoo, al igual que personas que sonríen.
Pedro tararea una vieja canción de Javier Solís: "Payaso," en la
radio, con la cual todas las mujeres del campo suspiran, y recuerdan
que no son máquinas.

¿Desserts or deserts?

I have been to deserts of more than me.

I have been to the deserts of my own continents of misery.
No ce n'est pas la chanson des Misérables que je chante.
No es la canción de los Miserables que canto.
Autour des invalids qui peuvent encore chanter.
Alrededor de los invalidos que todavía pueden cantar.
C'est peut-être que le soleil du midi nous rend aveugles.
It's probably the mid day sun that renders us blind.
L'Afrique nous attend avec sa clarité, son elegance, qui n'est pas encore ramassé.
África nos espera con su claridad, su elegancia, que todavía no se recoge.

Nous ne mangerons pas les serpents du futur
We will not eat the serpents of the future

Les deserts que j'ai touvé sont pas encore glorifiés,
Si le Chihuahua ou Desert de Sonora était en Inglaterre,
Alors là, on les aurai déjà domestiqué.
If the Sonora or Chihuahua deserts were in England,
Oh there, they would have been already domesticated.
Quand je dis désert, je ne veux pas dire qui sert le dessert?
Non, je ne veux pas rémouer ce mousse qui me taquine.

Le Colorado Plateau, Mojave, Columbia Plateau m'attendent
Atacama, Death Valley, Gredat Basin, Patagonie, m'attendent
La memoire c'est come un corps d'eau dans le quel on plonge
chaque jour, sans écrire le jour ou le minute qui nous donnerá ce corps d'eau.
La memoria es como un cuerpo de agua en el cual uno se echa un clavado
todos los días, sin escribir el día o el minuto que nos dará ese cuerpo de agua.
Comme si on allait en reverse dans un camion lourd, qui te pérmet

seulement d'aller en arrière plus lentement que d'attraper le futur.
As if we were reversing on a heavy semi truck, which allows you
only to go backwards slowly than to trap the future.

Je m'excuse, les cochemars n'ont pas fini.
Me disculpo, las pesadillas no han terminado.
Postres o desiertos.

¿Postres o desiertos?

He visitado más desiertos que el mío.
He estado en desiertos de mi propio continente de miseria.
No ce n'est pas la chanson des Misérables que je chante.
No es la canción de los Miserables que canto.
Autour des invalides qui peuvent encore chanter.
Alrededor de los inválidos que todavía pueden cantar.
C'est peut-être que le soleil du midi nous rendent aveugles.
It's probably the mid day sun that renders us blind.
L'Afrique nous attend avec sa clarité, son elegance, qui n'est pas encore
ramasé.
África nos espera con su claridad, su elegancia, que todavía no se recoge.

Nous ne mangerons pas les serpents du future.
We will not eat the serpents of the future.

Les deserts que j'ai touvé sont pas encore glorifiés,
Si le Chihuahua ou le desert de Sonora était en Inglaterre,
Alors là, on les aurai déjà domestiqué.
If the Sonora or Chihuahua deserts were in England,
Oh there, they would have been already domesticated.
Quand je dis désert, je ne veux pas dire qui sert le dessert?
Non, je ne veux pas rémouer ce mousse qui me taquine.

Le Colorado Plateau, Mojave, Columbia Plateau m'attendent
Atacama, Death Valley, Gredat Basin, Patagonie, m'attendent
La memoire c'est come un corps d'eau dans le quel on plonge
chaque jour, sans écrire le jour ou le minute qui nous donnerá ce corps d'eau.
La memoria es como un cuerpo de agua en el cual uno se echa un clavado
todos los días, sin escribir el día o el minuto que nos dará ese cuerpo de agua.
Comme si on allait en reverse dans un camion lourd, qui te pérmet
seulement d'aller en arrière plus lentement que d'attraper le future.

As if we were reversing on a heavy semi truck, which allows you
only to go backwards slowly than to trap the future.
Como si fueramos en reversa con un camión pesado, que solo te permite
Ir en reversa lentamente para atrapar el futuro.

Je m'excuse, les cochemars n'ont pas fini.
Me disculpo, las pesadillas no han terminado.
¿Postres o desiertos?

Luna, Coyolxauqui, don't break today/
No te quiebres

You have been made out of cheese, I know,
measured and squeezed, landed upon,
valued and devalued all along.

Won't you just be for me? Just Be.
Do your right-hand cartwheels, for you.
Eat a satellite, or two. Or not.
Dream with the earth, the ocean,
skinny dipping inside each other.

Misunderstood you are.
Moon~ it is not your job
to educate an illiterate Earth,
a ferocious Sun,
mentally ill stars.

The pronouns of their languages, unknown to us.
Don't break your back carrying ignorance.

Luna no te quiebres, Coyolxauqui

Has sido hecha de queso, lo sé,
medida y apretada, aterrizaron en ti,
valorada y devaluada todo el tiempo.

¿Puedes ser solo para mí? Solo ser.
Hacer tus maromas de mano derecha, para ti.
Comer un satélite o dos. O no.
Soñar con la tierra, la mar,
sumirgiéndose desnudas, dentro, la una de la otra.

Incomprendida lo eres.
Luna~no es tu trabajo
educar a una tierra analfabeta,
a un sol feroz,
a unas estrellas enfermas de la mente.

Los pronombres de sus lenguas, desconocidos para nosotros.
No te quiebres la espalda cargando con su ignorancia.

Seven

There were seven possibilities for seven types of enchilada,
seven categories of hot in Pre-columbian times.
We have lost exactitudes in love and palate. We no longer classify or catalogue
love or chile elegantly, with class.

The number of stars in a restaurant, and the level of hotness in food,
are not the same. It is not five but seven, remember that.

Siete

Había siete posibilidades de enchilarse
siete clases de enchilado,
siete categorias de picoso en la precolombina?
Hemos perdido las exactitudes en el amor
y en el paladar, ya no categorizamos ni el amor ni el chile con clase y elegancia.

El número de estrellas en un restaurante, y el nivel de picante no es lo mismo
No son cinco sino siete. ¡Recuérdalo indígena!

No longer insults

In the Americas
we grow against insults.
We, mestizos grow hiding the Indian
of our ancestors, digging him deep into our background
deep into the hole of racial forgetfulness.

We grow up hearing:
"Indios bravos"/ferocious Indians
No tiene la culpa el Indio, sino el que lo hace compadre*
"Indio terco" / stubborn Indian
Indio bajado del cerro a palos**

Spanish sayings about Indians
have become obsolete
"The Indian in you came out"
No longer means that I'm enraged and intransigent.

I journeyed the Indian.
India came back in me.
I have no fear.

*It is not the Indian's fault, but whosoever made him the godparent of his
child, a compadre
** Indian brought down from the hills with beatings, alluding here to
an ignorant person. Another variation is "a tamborazos"—being hit by a
drumstick, deafening them by the sound of drums.

Note: Although the title is "No longer insults," the poem itself is in fact an
insult. The author chose not to reproduce the insults in Spanish.

Eastern Washington: Republic
The 5th Largest Mining Town in the U.S.

The distance from your head to my heart
¿Could we measure that in trees?
Could we peremptorily
wait for the lycanthrope of wishes into solids,
democracy into democracy,
imagine that rivers
are the souvenirs of trees,
retain the trailer home
of our emphatic silence,
undress the roads
of our Republic.
Sedentary alarms of difference
await the prospecting republic
in which memories recycle
like aluminum.
To think of Reservations as premature islands
cones as halves, roads as strings with which to jump.

El Este de Washington: Republic
El quinto pueblo minero, más grande de los Estados Unidos

La distancia de tu cabeza a mi corazón
¿Podríamos medirla en árboles?
 Podríamos perentoriamente
esperar a que la licantropía de los deseos se solidifique,
democracia a democracia,
imaginar que los ríos
son los suvenires de los árboles,
retener la casa remolque
de nuestro rotundo silencio
desvistiendo los caminos
de nuestra república.
Alarmas sedentarias de diferencia
esperan la prospectante república
donde los recuerdos
se reciclan como aluminio.
Pensar en reservas indígenas como
islas prematuras
conos como mitades,
caminos como cuerdas por brincar.

I was all castes/ De todas las castas

I was treated Brahmin/ fui tratada Brahmin como guerrera y diosa, alimentada
like a warrior and king fed
Kshatriya
sold my books like a Vaishya, vendí mis libros como Vaishya

labored like a Shudra, writing poems, trabajé como Shudra,
escribiendo poemas
and often sat to eat and talk with the Dalit, the Untouchables,
the Chicanos of India, los chicanos de la India.

Translanguaging
Para Ofelia Garcia

Because I speak with my imagination
You stopped listening to me centuries ago/ Porque hablo con mi
imaginación y no mi
lengua/me dejaste de escuchar, hace siglos
Translanguaging is not Spanglish/Translenguar no es español sino un
carnaval de palabras, florido y resonante en todos mis existentes lenguajes
It's not fully having the specific words university specialists would use
to say the same thing I mean in all my languages
Déjame ser comprendido en formas que no habías imaginado
Porque hablo con mi imaginación
Translenguar no es español
únicamente, sino una lengua con pilón.
No es tener las palabras específicas que los especialistas
académicos utilizarían
para decir lo mismo que te quiero decir en mis lenguas
bajas
en algún momento, marginales, pochas, cortadas con los dientes
pero que sin embargo pegan su chicle en el universo.
Las palabras que no sé, tienen color en otra lengua, colores semióticos
colores feudales, colores ambientales, colores maternales.

Si te digo "OK"
es porque mi corazón estuvo en África
jazz, jam, merengue y mojo
colorean mi espíritu
en África occidental
y me enseñaron a comer
serpiente y a adorarla
a la vez

Si te digo
mis placeres: jumbo, mambo, gumbo, marimba
es porque la música de África
pasó de los huesos a la lengua
y contaminó mi espíritu poliglota
el Swahili llegó en un Safari de palabras
en mi profundo carnaval de sentimientos.
Swahili arrived in a Safari of words
in my profound carnaval of senses.

Ah tlamis noxochiw
ah tlamis nokwik
in nokon ya ewa / san nikwikanitl
Xexeliwi moyawa
kosawia xochitl:
ye on kalakilo
sakwan kalitik.

~

Mis flores no perecerán.
Mis cantos nunca cesarán.
Yo, poeta, los elevo.
Fragantes retoños dorados,
se esparcirán, se propagarán.

~

My flowers will not perish.
My songs will never cease.
I, the poet, raise them up.
Fragrant golden blooms,
they will scatter, they will spread.

Nezahualcóyotl
Tlatoani of Texcoco
April 28, 1402- June 4, 1472

Afterword

Touched by Mexico's unrandom acts of kindness

Gabriella Gutiérrez y Muhs

The National Catholic Reporter, September 27, 2002

The people of Mexico greatly respect a mother and child. I notice this again on a recent trip home in a bus from the Mexico City airport to Puebla, where I'll be teaching at a university for three months. In Mexico the people of Puebla are recognized for being cold, detached and arrogant. On the bus, my 3-year-old son enjoys himself untying the shoelace of the young man sitting behind us. I know that back in the United States he would not get far in his endeavors. But this man courteously smiles and plays with Rico, my son, between cell phone calls.

Because I am a mother, I am important here. In this enormous city, I get seats on crowded buses. Young people watch over my fruit-loaded backpack, holding it for me a half-hour at a time or more. Random acts of kindness are not so random here, even in Puebla where people are supposed to be bourgeois and uppity.

Later in the state of Oaxaca, I tell a restaurant worker, busy closing up, that I am hungry and that there is nothing else open around our hotel. It's the first day of the *Candelaria*, an important feast that lasts four days. He tells one of the women cooks, cleaning the kitchen, and without looking at their watches, they ask me what it is they can make for us. The clock doesn't tick on their kindness. We eat quesadillas made with tortillas from a hot *comal* by the cook who will no doubt miss part of the celebration because of us.

They tell me we are lucky to be in Oaxaca on such a holiday when the Virgin of San Bartolo Coyotepec will surely bless us, even if we don't make the sign of the cross 100 times on that day, as is the custom.

The kindnesses shown to me and my child remind me how welcome children feel in this country. I think of my recently acquired girlfriend Maribel, a single mom who utilizes every guard or store attendant available, to help discipline and advise her son. She does not feel she needs a father for him after her husband abandoned her. After all, she has a whole country willing to help her.

At the bus depot in Oaxaca I tell an indigenous woman selling blouses and other handiwork that what I was really looking for was a *huipil*, like hers, and ask her why she does not sell any like that. She responds, "Because they are too expensive. People don't buy them." She looks at me with empathy, almost sorrow, because I do not have a dress like hers. Finally, she takes hers off after watching me observe her a couple of hours with longing, while I chase after my son. She tells me to take the colorful *huipil* she made with her own hands. She said she will never like it as much as I do, and that for that reason I deserve to have it. The money is not important. I give her all the money I have, putting it under her merchandise, because she would not take it. I take off my gold hoops and also give them to her, because they also mean so much to me.

She is not the only stranger in Mexico who has left me speechless because of this gift of generous "detachment." The dictionary translates *desprendimiento* as detachment. It's really a spiritual exercise, something a stranger can do with so much meaning, giving you something valuable to them because of the mere possibility that it would mean more to you than to them. Her last words: "You will love my dress forever, much more than I do."

As I get on the bus, I remember the Oaxacan man who made *alebrijes*, wooden art pieces that represent souls. After selling me one, he followed me around for 45 minutes, leaving his street vendor space unattended, to tell me more about the spiritual uses of the little figure I had just bought from him.

On the pope's recent visit to Mexico, I was overjoyed to see that he, too, had been touched by this generous spirit. One picture on the front page of a newspaper showed the pope being swept with orange leaves and blossoms by an indigenous woman. She was protecting him from evil.

Mexico, the country of my ancestors, and the Mexican people in the United States are a resource for my spirit, a fountain that prevents my love from running dry. Can we include in our lives those unrandom acts of kindness that other cultures have a way of teaching us? Can we bow our heads like the pope in humility and let the indigenous woman sweep all the unkind thoughts, rancor and apathy from our minds and bodies? Can we take off our physical and emotional *huipil* and give it to someone who will love it more than we do?

Originally published by The National Catholic Reporter, September 27, 2002.

Epílogo

Emocionada por los actos aleatorios de gentileza de los mexicanos

Gabriella Gutiérrez y Muhs

La gente de México respeta profundamente a una madre con su hijo. Me doy cuenta de esto en un viaje reciente a México al tomar un autobús del aeropuerto de la Ciudad de México a Puebla, donde voy a dictar cursos en la universidad por tres meses. En México a la gente de Puebla se le tacha de ser fría, despegada y arrogante. En el autobús, mi niño de tres años se divierte desabrochando las cintas de los zapatos de un joven sentado detrás de nosotros. Sé que en los Estados Unidos no llegaría lejos con esta clase de travesuras. Pero, este hombre cortesmente sonríe y juega con Rico, mi hijo, entre sus llamadas por teléfono.

Porque soy madre, soy importante aquí. En esta ciudad enorme, las personas me legan sus asientos en autobuses retacados de gente. Los jovenes me cuidan mi mochila llena de fruta, me la detienen por media hora a la vez, y más. Actos de gentileza como estos no son tan raros aquí, hasta en Puebla donde la gente tiene fama de ser burguesa y arrogante.

Meses después en el estado de Oaxaca, le pido a un mesero, en un restaurante a punto de cerrar, que si puede vendernos algo de comer porque no hay nada abierto alrededor de nuestro hotel. Es el primer día de los festejos de la Candelaria, una fiesta importante que dura cuatro días, o más dependiendo del pueblo. Él lo consulta con una de las cocineras, que ya está cerrando la cocina, y sin mirar sus relojes, me dicen que qué es lo que deseamos comer. El reloj no hace tic tac en su generosidad. Comemos qusadillas hechas con tortillas calientitas del comal, hechas por la cocinera que seguramente se perderá una parte de su fiesta por hacer esto por nosotros.

144

Me dicen que tenemos suerte de estar en Oaxaca en tal fiesta cuando en que la Virgen de San Bartolo Coyotepec nos bendecirá, seguramente, aunque no hagamos el signo de la cruz y no nos persignemos cien veces en ese día, como es costumbre.

Las amabilidades que mi hijo y yo experimentamos en Oaxaca, me recuerdan lo bienvenidos que los niños se sienten en este país. Pienso en mi recién conocida amiga Maribel, una madre soltera que utiliza a cuanto guardia se encuentra en una tienda. Hombre disponible, hombre asignado a ayudarla a disciplinar y aconsjar a su hijo. No siente necesitar un padre para su hijo, al haberlos abandonado el padre. Después de todo, tiene a todo un país que accede a ayudarla.

En la central camionera de Oaxaca le dirijo a una mujer indígena vendiendo blusas y otras cositas en su puesto en el piso justo afuera de la camionera, que siempre ando buscando un huipil como el de ella, trequi, y le pregunto por qué no los venden. Me responde, "Serían demasiado caros. La gente no los compraría." Me ve con empatía, casi lástima, porque no tengo un huipil como el de ella. Finalmente, se lo quita después de verme observarla un par de horas, anhelante, mientras persigo a mi hijo. Me dice que me lo lleve, el huipil que ella hizo con sus propias manos. Dice que nunca le gustará tanto como me gusta a mi, y que por esa razón merezco tenerlo. El dinero no es importante. Le doy todo lo que tengo, dejándolo bajo su mercancia, porque no me acepta nada. Luego me quito mis arracadas de oro, y también se las doy, porque también significan tanto para mi. Pero ella no es la única desconocida en México que me ha dejado anonadada por mostrarse tan generosa y despegada. El diccionario traduce desprendimiento como "detachment." En realidad, es un ejercicio spiritual muy mexicano, algo que un desconocido puede hacer y es tan significativo: dar algo tan valioso para él/ella, por la simple posibilidad de que pudiera significará más para el receptor que para ellos. Sus últimas palabras: "lo querrás siempre, mucho más de lo que yo lo quiero."

Según subo al autobús, recuerdo al señor de Oaxaca que hace alebrijes, piezas de madera representando a diferentes seres, y sus almas. Después de venderme uno, me sigue por todo el centro hasta encontrarme 45 minutos después, (dejando su puesto solo y desatendido) para decirme los usos espirituales del alebrije, y contarme que el pájaro le traspasa la garganta al dragón indicandome dónde debe ir, "porque es el pájaro el que gana."

En la visita reciente de El Papa a México, yo estaba deleitada al ver que él también, había sido conmovido por este gran espíritu mexicano. En una foto en la página titular del periódico El Papa está siendo barrido con azhares y hojas de naranjo por una mujer indígena mexicana. Ella lo está protegiendo del mal.

México, el país de mis ancestros, y la gente mexicana en los Estados Unidos son un recurso para mi espíritu, una fuente abierta que previne que mi amor se seque. ¿Podemos incluir en nuestras vidas estos actos aleatorios de bondad que otras culturas nos muestran y enseñan constantemente? ¿Podemos agachar nuestras cabezas como El Papa humildemente dejando que la mujer indígena nos barra todos los malos pensamientos, el rencor y la apatía de nuestras mentes y cuerpos? ¿Podemos tomar nuestro huipil físico y emocional y dárselo a alguien que lo amará más de lo que nosotros lo podemos amar?

Publicado originalmente en inglés por The National Catholic Reporter, el 27 de septiembre, 2002. Traducido por la autora para esta colección.

Native Lands and Languages Map. *Native Land Digital* is an Indigenous-led not-for-profit organization that works to map Indigenous territories according to Indigenous nations themselves. An interactive map allows users to learn about traditional territories, treaties and languages; readers are encouraged to visit native-land.ca for this experience. This screenshot shows a limited view of territories and languages of parts of Turtle Island. Screenshot from https://native-land.ca/ on January 4, 2022.

Mapa de tierras y lenguas nativas. *Native Land Digital* es una organización sin fines de lucro dirigida por indígenas que trabaja para mapear territorios indígenas de acuerdo a las propias naciones indígenas. Un mapa interactivo permite a los usuarios aprender sobre territorios, tratados e idiomas tradicionales; se anima a los lectores a visitar native-land.ca para esta experiencia. Esta captura de pantalla muestra una vista limitada de territorios e idiomas de partes de la Isla Tortuga. Captura de pantalla de https://native-land.ca/ el 4 de enero 2022.

The author, Gabriella, receives a blessing in the Zócalo in Mexico City. La autora, Gabriella, recibe una bendición en El Zócalo en la Ciudad de México.

Photo/Foto: Eric Muhs.

Reading in Nagpur, India, at the Kritya International Poetry Festival, in 2011. Poems were translated into at least five languages, including Hindi, Tamil, Punjabi, English, Italian, and French, and projected onto the screen behind the poet.

Lectura en Nagpur, India, en el Festival Internacional de Poesía de Kritya, en 2011. Los poemas fueron traducidos a al menos cinco idiomas, incluyendo hindi, tamil, punjabi, inglés, italiano y francés, y proyectados en la pantalla detrás de la poeta.

Photo/Foto: 5th Kritya International Poetry Festival.

Above: The author reciting in Nagpur, India, at the Kritya International Poetry Festival, 2011. Arriba: La autora recitando en Nagpur, India, en El Festival Internacional de Poesía de Kritya, 2011.

Photo/Foto: 5th Kritya International Poetry Festival.

Above: Gabriella shows the mehndi art design on her hands.
Arriba: Gabriella muestra el diseño de arte mehndi en sus manos.

Photo/Foto: 5th Kritya International Poetry Festival.

About the Author

Dr. **Gabriella Gutiérrez y Muhs** is a polylingual poet, critic, translator and cultural worker. She is a professor in Modern Languages and Women, Gender & Sexuality Studies at Seattle University, has served as a director for various programs, and been honored with two endowed chairs, including the Theiline Pigott-McCone Chair in Humanities. Gabriella has penned and edited more than a dozen books of poetry, criticism and culture, and multiple articles, encyclopedia entries, and opinion pieces. She is renown for being first editor of Volume I and for co-editing two volumes of *Presumed Incompetent*, about the intersections of race, class, and gender in academia. She received her MA and PhD from Stanford University. Her other poetry collections include *A Most Improbable Life* and *The Runaway Poems* (Finishing Line Press), and *The Plastic Book*, and the anthology, *In Xochitl, In Cuícatl: Cien años de poesía Chicanx/Latinx* (1920-2020). For more information, please visit chigata.net.

Photo/Foto: Eric Muhs.

Sobre La Autora

La Doctora **Gabriella Gutiérrez y Muhs** es poeta polilingüe, crítica literaria y trabajadora cultural. Ella es una catedrática de lenguas modernas y estudios de la mujer, género y sexualidades en Seattle University. Ha sido directora de múltiples programas y ha sido honrada con varios premios académicos en las humanidades. Gabriella ha sido autora y editora de más de una docena de libros de poesía, crítica y cultura, y múltiples artículos, entradas enciclopédicas, y demás en revistas literarias y culturales. Es renombre por co-editar dos volúmenes de Presumed Incompetent, sobre las intersecciones de la raza, clase, y género en academia. Recibió su maestria y doctorada de Stanford University. Sus otras colecciones de poesía incluyen A *Most Improbable Life* y *The Runaway Poems* (Finishing Line Press), y *The Plastic Book*, y la anthología, *In Xochitl, In Cuícatl: Cien años de poesía Chicanx/Latinx* (1920-2020). Para más información, por favor visite chigata.net.

Foreword Author | Autor del Prólogo

Aldo Ulisses Reséndiz Ramírez (they/them) is a multilingual, queer immigrant from a farmworking family of Indigenous hñähñu and xi'oi descent. They are a writer, cultural worker, community organizer and interpreter, and language justice worker in community organizing spaces.

Aldo Ulisses Reséndiz Ramírez (elle/le) es une inmigrante multilingüe y disidente de género proveniente de una familia campesina de ascendencia indígena hñähñu y xi'oi. Se dedica a la escritura creativa, el trabajo cultural, la organización e interpretación comunitaria y la promoción de la justicia lingüística en espacios de organización comunitaria.

Bookcover Artist | Artista de la Portada

Veronica Eldredge (she/her) is a queer Swedish-American visual artist, cultural worker, poet and documentary filmmaker born and living in the unceded territories of the Tamien Nation and Muwekma Ohlone of the San Francisco Bay Area, where her Irish and German ancestors settled. Her family cultivated in her a deep love of the arts and storytelling, and today her work is shaped by the communities around her. She is currently illustrating children's books.
Connect with Veronica on Instagram @vmearte and @macantafilms or at vmearte.wixsite.com/vmearte.

Verónica Eldredge (ella) es artista visual, trabajadora cultural, poeta, y cineasta documental sueca-americana y cuir, nacida y crecida en los territorios no cedidos de la Nación Tamien y Muwekma Ohlone, en el Área de la Bahía San Francisco, donde se establecieron sus antepasados irlandeses y alemanes. Su familia cultivó en ella un profundo amor por las artes y la narración de historias, y hoy su trabajo es moldeado por las comunidades que la rodean. Actualmente está ilustrando libros para niñxs.
Conéctese con Verónica en Instagram @vmearte y @macantafilms o en vmearte.wixsite.com/vmearte.

Also by Gabriella Gutiérrez y Muhs

NONFICTION

Communal Feminisms: Chicanas, Chilenas and Cultural Exile

POETRY

Un Libro de Plástico: A Plastic Book (CD)
A Most Improbable Life
The Runaway Poems
Frontera Dogs (CD)

CHILDREN'S LITERATURE

¡Iván, y van! illustrated by Veronica Eldredge

AS FIRST EDITOR, CO-EDITOR, AND COLLABORATOR

Presumed Incompetent: The Intersections of Race and Class for
Women in Academia (first editor)

Rebozos de Palabras: An Helena María Viramontes Critical Reader
Corazón y una lengua peregrina (co-editor)

Word Images: New Perspectives on Canícula and Other Works
by Norma Elia Cantú

Presumed Incompetent II: Race, Class, Power, and Resistance of
Women in Academia (co-editor)

In Xóchitl In Cuícatl: Floricanto: Cien años de poesía chicanx/latinx
(1920-2020) (first editor)
Indomitable: Indomables, a woman's multigenre anthology (first editor)

AS TRANSLATOR

The Moths and Other Stories / Las palomillas de la noche y otros relatos
(Spanish Edition) by Helena María Viramontes

Praise for Gabriella Gutiérrez y Muhs' Poetry

About *A Most Improbable Life*:

The poetry of Gabriella Gutiérrez y Muhs is like a crystaline rivulet that gracefully flows, leaving in the reader's mind permanent images, themes, and emotions about humans and nature.

– Luis Leal, UC Santa Barbara, (1907- 2010)

In her poetry Gabriella Gutiérrez y Muhs wields language like a delicate sword to lay bare the intricacies of culture. Thanks to her prodigious wordsmithing talent and craft, the poems consistently yield fresh insights into Chicana realitis in all their stubborn multipllicity. Even when exposing social perceptions of differednce that would fetter people in place the poems exude an irrepressible spirit, a refusal to be defined or limited. Gabriella Gutiérrez y Muhs has delighted audiences for years with her dynamic readings; *A Most Improbable Life* is a very welcome and vital addition to American letters.

– Yvonne Yarbro-Bejarano, Stanford University

She's got candor, surprise, wisdom, humor, pathos, and heart. Her heart must be enormous for such poems to get born.

– Patrice Vecchione, author of *Writing and the Spiritual Life*

Gabriella Gutiérrez y Muhs' poetry delves courageously into the emotional labyrinth of the human spirti. Her poetic words are a reminder of the painful fragility of our existence. Gutiérrez y Muhs is the poet of the voiceless.

– Jesús Rosales, Phd., author of *Marco Solís: El hombre de arena*

Gabriella Gutiérrez y Muhs uses words like weapons, a war that will inevitably be won with humor, wit, irony and sound criticism. She writes with the incredible urgency of the present and the lingering shadow of the past.

– Shirley Flores-Muñoz, Cabrillo College

About *The Runaway Poems*:

For Gabriella Gutiérrez y Muhs, 'love is a pre-existing condition' needed to address the injustices she so powerfully explores in this new collection of her work. These dazzling poems are rooted in the wisdom and witness of motherhood which could not be more timely. What a gift.

— **Demetria Martínez**, author of *The Block Captain's Daugher*, *Mother Tongue*, and *Breathing Between the Lines*

If you want to see the world as if for the first time, read the poetry of Gabriella Gutiérrez y Muhs, for her awareness, her vision and imagery, are like no other poet's. These poems shatter and revive; they'll hold you in a spell of love and language.

— **Patrice Vecchione**, author of *The Knot Untied* (poems) and *Step into nature: Nurturing Imagination and Spirit in Everyday Life*

Gabriella Gutiérrez y Muhs' *The Runaway Poems* explores unremitting trouble with both wrenching compassion and irresistible lightness of touch: Grandmother says 'at least he didn't steal our cows...he only left for a while...' These poems whisper and sing homages and impossible lullabies- for a son in grave danger-for Rosina 'away forever/from her sons...melted away by guns/at the Green Valley apartments...' but especially perhaps for any parent of troubled men- those 'nimble tourists of pleasure, /triumphant thumbs of the future, / trained by gameboy...' Here is the poetry woven strong of all the irony we crave, that allows us to speak our pain and grieve as well as speak our love and endure.

— **Ken Weisner**, editor, *Red Wheelbarrow*; author, *Anything on Earth*

CPSIA information can be obtained
at www.ICGtesting.com
Printed in the USA
BVHW070337180822
644771BV00004B/19